—————————————— 님의 소중한 미래를 위해
이 책을 드립니다.

나의 꿈
스타벅스 건물주

원고는 2022년 2월 14일~4월 26일 확인한 등기사항전부증명서를 바탕으로,
2022년 8월 31일 탈고했습니다.

나의 꿈
스타벅스 건물주

| 스타벅스 건물주가 된 사람들의 성공 비결 |

전재욱·김무연 지음

메이트북스

메이트북스 우리는 책이 독자를 위한 것임을 잊지 않는다.
우리는 독자의 꿈을 사랑하고,
그 꿈이 실현될 수 있는 도구를 세상에 내놓는다.

나의 꿈 스타벅스 건물주

초판 1쇄 발행 2023년 3월 1일 **| 초판 2쇄 발행** 2023년 3월 15일 **| 지은이** 전재욱·김무연
펴낸곳 (주)원앤원콘텐츠그룹 **| 펴낸이** 강현규·정영훈
책임편집 남수정 **| 편집** 안정연·박은지 **| 디자인** 최선희
마케팅 김형진·유경재 **| 경영지원** 최향숙 **| 홍보** 이선미·정채훈
등록번호 제301-2006-001호 **| 등록일자** 2013년 5월 24일
주소 04607 서울시 중구 다산로 139 랜더스빌딩 5층 **| 전화** (02)2234-7117
팩스 (02)2234-1086 **| 홈페이지** matebooks.co.kr **| 이메일** khg0109@hanmail.net
값 16,800원 **| ISBN** 979-11-6002-394-7 03320

잘못 만들어진 책은 구입하신 서점에서 교환해 드립니다.
이 책을 무단 복사·복제·전재하는 것은 저작권법에 저촉됩니다.

좋은 기회는 언제나 어려운 경제상황에서 만들어진다.

• 하워드 슐츠(스타벅스 CEO) •

필사적으로
스타벅스를 필사하라!

　기자 준비를 하던 시절이었다. 스승께서는 '좋은 기사를 필사적(必死的·죽는 힘껏)으로 필사(筆寫·베끼어 씀)하라'고 늘 말씀하셨다. 기사는 기자의 노력이 집약된 결과물이라고 했다. 고난한 과정을 거쳐야 결과물이 나온다. 그러니 필사해 체화하라는 것이다.

　필사는 문장을 세울 근육을 기르는 과정이다. 그래서 '훔치는 표절'과 다르다. 이걸 알고 필사하면 2가지가 따라온다. 첫째는 '시간 단축'이고, 둘째는 '오류 감소'다. 기자의 노하우가 담긴 글을 취하는 것이니 배우는 시간이 짧아지고, 결과물을 참고하는 것이니 틀릴 리스크가 적다. 적어도 글을 전개하는 기술은 익힐 수 있다. 당시의 필사적인 필사는 지금 내가 글을 쓰는 밑거름이 되었다.

대신 조건이 붙었다. 필사할 대상은 '좋은 기사'여야 한다. 이게 어렵다. '좋은'은 평가의 대상이다. 그래서 상대적이다. 여기서 절대적으로 필사할 대상을 찾는 것 자체가 모순이다. 선문답하는 기분이다.

처음부터 좋은 기사를 찾는 건 욕심이었는지 모른다. 그래서 정답에 가까운 해답을 찾고자 노력했다. 그러려면 글을 읽고 이해하는 힘을 애써 길러야 했다. 돌이켜보면 필사의 힘은 필사 자체가 아니라 좋은 기사를 가려내는 안목을 키우는 데 있었던 듯하다. 스승께서는 이걸 내게 일깨우고자 했나 싶다.

스타벅스를 취재하며 필사가 떠올랐다. 스타벅스는 피리 부는 사나이였다. 모두가 스타벅스를 따라 했다. 소비자가 좇고, 그 뒤를 또 다른 소비자가 좇아갔다. 동종 업계와 업체에 소속한 종사자도 스타벅스를 간다. 언론도 마찬가지다. 심지어 스타벅스조차 스스로를 복제했다. 그 무리에서 엉거주춤하게 선 이는 '스타벅스 건물주'였다.

전국에 숱하게 많은 건물주 가운데 소수만 스타벅스 매장을 연다. 사실 그리 어려운 일은 아닐 법하다. 주변에서 스타벅스 입점에 성공한 건물주를 따라 하면 그만이다. 그런데 누구인지 모르니 안 보이고, 알더라도 물어보면 안 알려준다. 돈이 걸린 문제는 모두가 민감하다. 결정적으로 이걸 따라 해도 되는지 확신이 안 선다.

여기서 필사의 기술이 떠올랐다. 나는 필사적으로 스타벅스 건물주를 필사하려는 이들에게 필사할 만한 대상을 찾아주기로 했다. 기자라는 직업상 나는 분산된 진실의 파편을 모아서 정보로 가공하고, 여기에 의미를 부여해 지식으로 전달하는 걸 업으로 삼아왔다. 내가 모르던 걸 알면 즐겁고, 이걸 주변과 함께 알면 더 즐겁다.

더구나 이 일은 아직 그 누구도 해보지 않은 것이었다. 그러면 즐거움이 더 커진다. 여기서 느끼는 희열 덕에 이제껏 취재에서 헤어나오지 못하고 있다. 이왕 마음먹은 일이니 해보고 싶었다.

깜냥이 부족해 좋은 대상을 고를 자신이 없었다. 한계를 극복하고자 분명히 아는 힌트 하나를 활용하기로 했다. '스타벅스는 스스로를 필사한다.' 오늘 생긴 매장은 어제 생긴 매장과 비슷한 생김과 조건을 갖춘다. 내일 생길 매장은 오늘 생긴 매장을 따라간다. 이유야 여럿이지만 스타벅스는 실패를 싫어한다. 성공 방정식을 세우기까지 여태 무수한 시행착오를 겪었고, 이후로는 이걸 무한 반복한다.

내가 할 일은 성공 방정식이 무엇인지, 그리고 여기에 대입할 변수는 무엇인지를 각각 찾는 것이다. 변수는 정형화와 수식화가 가능해야 했다. 최댓값과 최솟값, 평균치와 중간값도 필요했다. 무엇이 정답인지는 둘째치고, 무엇이 오답인지는 알아야 했다.

사실 나도 이걸 모르기는 마찬가지다. 다만, 접근하는 방법은 안다. 값의 역산이다. 그래서 매장 전수조사를 하기로 했다. 조사 대상을 정하고, 1호점부터 2021년 마지막 문을 연 속초교동DT까지 1,653개를 추렸다. 폐점한 245개 매장은 제외했다. 영업 중인 매장 등기사항전부증명서를 전부 떼어 분석했다. 등기부는 매장 하나에 여러 건이 걸려 있기도 해서 방대한 작업이었다. 이 작업을 혼자서 하는 건 힘에 부쳤다. 그래서 동료 공저자 김무연 기자를 모셨다.

매장 전수조사 대상과 기준을 잡고서 우리는 2022년 2월 14일부터 4월 26일까지 등기사항전부증명서 2,454장을 뗐다. 열람용 등기사항전부증명서 한 장이 700원이니, 이 작업에 최소한 171만 7,800원을 들였다. (실수로 잘못 뗀 등기부까지 포함하면 비용이 더 들어갔다.) 이로써 전체 영업매장(1,653곳)의 81.4%에 해당하는 1,346곳의 정보를 확인했다. 기자로 일하면서 숫자를 가공하는 데에는 나름대로 요령을 터득한 터였다. 이 요령을 맘껏 부려 성공 방정식과 변수를 추려냈다. 숫자는 가공하기 나름이지만, 그렇다고 거짓을 말하지는 않는다.

공식을 알고 풀이하는 법을 익히면 그다음은 어렵지 않다. 취재하며 만났던 성공한 외식사업가 A 이야기다. 그를 있게 한 것은 '따라하기'와 '반복'이었다고 한다. 초기에는 동종 업계의 업장을 수없이 돌면서 많이도 팔아줬다고 한다. 그러면서 자신이 무엇을 해야 하는지를 새겼다. 여기서 그쳤으면 상술에 능한 장사치에 그쳤을 것이다. A는 자신의 성공이 '무엇을 하지 말아야 하는지까지 깨달았기 때문에 성공이 가능했다'고 전했다. 그는 배를 채우는 게 목적이 아니었다. 배를 채우는 방법을 익혔다. 방법을 알면 배는 언제든 채울 수 있기 때문이다. 숱한 이들이 앞서간 이를 후렴처럼 되풀이하는 건 다 이런 이유가 있어서다. 그런 점에서 우리 책은 잘하면 정답에 가까이 다가가는것, 적어도 오답을 확인하는 데 중요한 역할을 할 것으로 기대한다.

이 책은 주변의 도움으로 탄생했다. 책을 멋지게 엮어준 메이트북스 관계자 여러분에게 감사드린다. 감수를 맡아준, 존경하는 김광중 법무법인 한결 변호사님께도 큰 신세를 졌다. 자본시장과 금융투자 업계에서 정평이 난 실력자께서 작업을 자처해주신 것만으로도 영광이었다. 사족이지만, 공저자가 없었으면 불가능했을 일이다. 책은 서로가 맺은 신뢰가 연월로 쌓여 만든 결실이다. 늘 첫 독자를 자처하고 조언을 아끼지 않은 정인(情人)에게 고맙다.

전재욱

'커피 한 잔'에서 발견한
성공의 공식!

스타벅스를 처음 조우한 건 대학 진학을 위해 상경했을 때다. 그전까지만 하더라도 내게 커피란 어른들이 식사 후에 즐기는 달짝지근한 음료란 인식이 강했다. 자판기에서 100원짜리 동전으로도 쉽게 마실 수 있고, 인심이 후한 식당에선 공짜로 제공하기도 했다.

그랬던 시골 소년에게 한 잔당 4,000원 넘는 돈을 내고 쓰디쓴 커피를 마시는 모습이 주는 충격은 상상 이상이었다. 대학교 정문 근처 백반집에서 4,500원을 내면 넉넉한 양의 제육볶음 정식을 먹을 수 있었던 시절이다. '밥 한 끼 값으로 커피를 즐기다니, 서울엔 부자가 많구나.' 스타벅스에서 아메리카노를 주문하는 사람들을 보며 그렇게 생각한 적도 있었다.

하지만 시간이 흘러 스타벅스는 누구에게나 익숙한 공간으로 바뀌어 있었다. 스타벅스와 비슷한 콘셉트의 국내 커피 브랜드가 우후죽순으로 생겨났지만, 발걸음은 자연스럽게 스타벅스를 향했다. 날이 덥거나 추울 때, 갑자기 비가 쏟아질 때, 친구와 만나기로 한 약속 시간이 30분 정도 남았을 때, 갑자기 외부에서 작업을 해야 할 때면 어김없이 스타벅스를 찾았다. 적당히 몸을 쉴 수 있는 공간과 휴대전화를 충전할 수 있는 콘센트를 눈치 없이 사용할 수 있고, 꽤나 맛있는 커피까지 즐기는 데 4,000원밖에 들지 않는다니!

커피 한 잔 값이라고 생각하면 비쌀지 몰라도 스타벅스가 제공하는 공간을 빌린다고 생각하면 결코 비싼 값이 아니었다. 스타벅스를 추종하는 다른 브랜드와 비교해도 '가성비' 면에서 스타벅스는 압도적인 우위를 자랑한다.

어느덧 일상에 녹아든 스타벅스를 보며 궁금증이 들었다. 스타벅스를 경영하는 회사는 어디일까? 스타벅스에서 일하는 사람은 누구일까? 스타벅스는 직영으로 운영할까, 아니면 가맹 사업으로 운영할까? 스타벅스는 보통 하루에 얼마의 매상을 올릴까?

그런 의문들이 꼬리에 꼬리를 물고 생겨날 무렵, 운이 좋게도 유통업계 출입을 맡게 되면서 스타벅스는 주요 출입처 중 하나가 되었다. 그간의 의문점들도 스타벅스를 취재하면서 하나둘 해결이 되었다.

한국 스타벅스는 신세계그룹 유통사인 이마트와 미국 스타벅스 본사가 설립한 합작법인 SCK컴퍼니(옛 스타벅스커피코리아)에서 운영하고 있다. 지금은 이마트가 백기사인 싱가포르투자청(GIC)과 미국 스타벅스 본사가 소유했던 SCK의 전 지분을 사들인 상태다.

비록 지분 구조상 미국 스타벅스는 손을 뗐지만, 여전히 한국 스타벅스는 미국 스타벅스의 경영 전략을 충실히 따르고 있다. 우선 본사와 마찬가지로 가맹사업은 일절 진행하지 않고 모든 점포를 직영으로 운영하고 있다. 전 지점을 직영으로 운영하면 모든 매장을 본사에서 관리해야 한다는 부담이 있지만 가맹점주와 다툴 일이 없고, 매장의 신규 출점 및 폐점도 자유롭다는 장점이 있다.

미국 본사로부터 계승한 또 다른 경영 전략은 '절대 부동산을 사지 않는 것'이다. 스타벅스는 점포를 낼 때 부동산을 100% 임차한다. 건물을 임차할 경우, 건물 관리 책임을 질 필요가 없는 데다 해당 점포를 폐점하더라도 부동산 처리 문제로 고민하지 않아도 되기 때문이다. 전 지점을 직영점으로 운영하기 때문에 가능한 전략이다.

그렇다면 스타벅스는 필연적으로 건물주와 협상해야만 신규 점포를 낼 수 있다는 결론에 도달하게 된다. 여기서 새로운 궁금증이 폭발했다. 스타벅스는 어떤 방식으로 건물주와 접촉하는 것일까? 또, 스타벅스는 어떤 부동산을 선호할까? 건물주는 스타벅스에 어떤 조건을 내걸고, 역으로 스타벅스는 건물주에게 무엇을 바랄까?

다만, 나의 궁금증은 여기서 멈췄다. '스타벅스가 점포를 발굴하는 방법은 영업 비밀에 해당하며, 스타벅스와 계약을 맺은 건물주의 신상 등도 일절 알려줄 수 없다'는 스타벅스의 선언 때문이다. 아쉽지만 개인의 역량으로는 대기업의 영업 비밀을 파헤치는 방법을 찾아내기가 쉽지 않았고, 이 궁금증은 기억 속 한편에서 조용히 잊혔다.

"나와 함께 스타벅스를 '대해부' 해보지 않을래?" 잠들었던 기억이 불현듯 깨어난 것은 선배의 한마디 때문이다. 선배는 예전부터 스타벅스 건물주와 관련된 정보를 분석해보고 싶다고 했다. 과거부터 다뤄보고 싶었던 주제인 데다, 먹거리 문제를 조망해 '이달의 기자상'을 탈 정도로 회사와 유통업계에서 모두 인정받던 선배의 제안이었기에 쌍수를 들고 받아들였다.

그런데 마음을 단단히 먹고 시작한 작업일지라도 스타벅스 건물주에 드리운 베일을 걷어내는 일은 쉽지 않았다. 2021년 말 기준 1,653개 매장과 2,454개의 등기부등본을 전수조사하는 것은 상당한 품을 들이는 일이었다. 이 작업을 위해 회사 일을 소홀히 할 수 없으니, 주중에는 일과와 취재원 관리에 집중했다. 주말에는 휴식 시간을 쪼개 등기부등본 분석 작업에 시간을 보냈고, 휴가 기간에도 컴퓨터를 켜고 집필 작업에 매진했다.

머릿속으로 쏟아지는 정보의 폭포에 지쳐 포기하고 싶은 마음이 들 때도 있었다. 그때마다 격려의 말을 아끼지 않는 선배가 있었기에 부족하게나마 이 글을 마무리할 수 있었다. 이 책의 법적 감수를 도맡아준 법무법인 한결의 김광중 변호사와 책의 출판을 책임져준 메이트북스 관계자분들의 도움이 없었다면 이 책이 세상의 빛을 보긴 어려웠을 것이다. 책이 탄생하기까지 함께 힘써주신 여러분께 지면을 빌려 감사의 말씀을 전한다.

우리가 분석하고 취재한 정보를 최대한 담아내기 위해 노력했지만 아쉬움도 없지 않다. 등기부등본 등으로 확인하기 어려운 부분은 분석에 한계가 분명 존재한다. 그럼에도 스타벅스가 입점한 건물의 등기부등본을 전수조사해 데이터베이스를 구축하고 이를 국내에서 처음으로 분석했다는 점에서 큰 의미가 있다고 자부한다. 스타벅스 건물주를 꿈꾸는 투자자와 스타벅스에 관심이 많은 모든 이에게 이 책이 조금이나마 보탬이 되길 바란다.

김무연

스타벅스는 집과 직장 사이 '제3의 공간'으로 자리 잡았다. 고객이 오래도록 머물 수 있는 가장 편안한 곳이라는 평가를 받고 있기 때문이다. 스타벅스가 입주한 건물은 '스세권'이라는 별칭이 붙으며 상권의 중심이 되기도 한다. 자연스레 건물값도 오른다.

많은 임대인들이 스타벅스가 원하는 공간(건물)을 선점하고 싶어 한다. 매장을 섭외하는 안목은 스타벅스만의 영업 기밀이다. 스타벅스 건물의 임대차 계약 과정은 모두 베일에 가려져 있으며, 오직 당사자들만 알고 있다.

이 책은 미지의 영역에 머물던 스타벅스 매장의 특징과 임대 과정, 임대료 등을 자세히 공개한다. 부지런한 저자가 전국 매장 1,653개의 등기부등본 2,454장을 직접 출력하고 분석한 결과다.

서점에는 스타벅스를 주제로 한 책들이 이미 많지만 이 책은 독특하게도 스타벅스에서 파는 커피 이야기나 스타벅스 회사 이야기가 아니라, 스타벅스 매장과 건물에 대한 이야기들을 담았다. 스타벅스가 입점한 건물을 소유하는 걸 꿈꾸는 분들에게 도움이 되는 것은 물론, 그렇지 않은 독자들도 스타벅스 매장이 자리 잡는 과정과 복잡한 거래관계를 하나하나 따라가며 이해하다 보면 어느새 세상이 돌아가는 원리를 자연스럽게 깨닫게 될 것이다. 우리가 모르던 세상에 눈을 뜨게 해주는 매우 이색적이고 고마운 책이다.

이진우 (MBC라디오 손에 잡히는 경제, 삼프로TV 진행자)

요즘 MZ세대의 가장 큰 꿈이 '건물주'라고 한다. 그중에서도 브랜드 커피점 중 가장 대중화된 스타벅스의 건물주라면 어떨까? 건물에 스타벅스 카페가 입점했다는 것 자체만으로 건물 가치가 올라간다. 스타벅스 건물주는 자산가들도 원하는 굉장히 매력적인 일이다. 하지만 대부분의 사람들이 어쩐지 나와는 상관없는 먼 이야기처럼 느낄 것이다. 이 책은 접근 불가능할 것 같은 꿈을 현실로 만들어줄 디테일한 정보들로 가득하다. 스타벅스가 선호하는 입지, 건물의 특징을 최초로 분석한 동시에, 입점에 성공한 건물주들의 정체도 밝혀낸다. 이 책에 담긴 내용을 분석하고 구체적으로 접근한다면, 나의 꿈 스타벅스 건물주가 아닌, '나의 현실 스타벅스 건물주'가 될 수 있을 것이다.

박원갑 (국민은행 수석전문위원)

대한민국에 스타벅스 1호점이 이화여자대학교 앞에 처음 점포를 연 이래로, 스타벅스는 커피를 파는 가게인 '커피숍'이 아니라 일종의 '사회현상'이었다. 스타벅스 이전에도 다양한 유형의 커피숍이 영업을 하고 새로 등장했다가 사라졌다. 그러나 오직 스타벅스만이 가게가 아닌 '현상-트렌드'의 자리를 차지했다. 왜 다른 브랜드는 안 되고 '스타벅스'만 그렇게 되었을까? 왜 스타벅스가 가장 먼저 그런 현상을 이끌어냈을까?

그리고 이러한 현상의 원인과 분석 그 자체보다 더 중요한 부분이 있다. '이러한 현상이 인구와 지리, 즉 상권과 부동산에 결합해 어떤 효과를 보이는가', 그리고 '그 과정은 어떠한 형태로 진행되고 어떤 결과를 보이고 있는가' 하는 점이다.

저자는 이러한 현상과 과정을 그냥 옆에서 지켜보는 데 그치지 않고 분석을 시도했다. 어떤 곳의 스타벅스 매장이 잘 되는지, 그 주변 상권과 어떤 상호작용을 맺는지, 결정적으로 그러한 상호작용이 브랜드로서의 스타벅스와 임차인으로서의 스타벅스로서 건물주를 비롯한 부동산의 이해관계인 사이에 어떠한 결과를 일으키는지 하나하나 따져보고 정리했다.

대한민국의 많은 이가 스타벅스를 너무나도 잘 알고 스타벅스에서 커피를 마셔보았을 것이다. 다들 스타벅스와 스타벅스 현상을 스스로 잘 안다고 생각할 것이다. 하지만 이 책을 읽고 나면 우리가 알던 것이 전부가 아니었음을 깨닫게 될 것이다.

저자는 스타벅스의 '고객'으로서 커피 한 잔을 마시고 '좋다'고 말하는 데서 끝내지 않고, 예리하며 성실한 분석을 이끌어냈다. 우리는 이 책을 통해 '스타벅스 현상'은 물론, 그러한 트렌드와 함께 부동산과 우리 경제에 대한 인사이트를 얻을 수 있다.

우병탁 (신한은행 WM컨설팅센터 부동산팀장)

우리는 투자에 성공하기 위해 성공한 투자자들의 투자법을 궁금해한다. 동시에 10배, 20배 수익이 난 투자처에 대해 되짚어보기도 한다. 그래서 주식시장에서는 워런 버핏과 같은 대가에 관한 책이 발간되고, 부동산시장에서는 오늘날의 '강남' '판교'의 위상이 만들어진 과정에 대해서 살펴보곤 한다.

한국에서 스타벅스만큼 꼬마빌딩 투자에 큰 존재감을 가진 업체는 없다. 스타들의 건물 매매에서도 스타벅스가 입점한 경우 화제가 된다. 이러한 흥행성에 스타벅스가 입점한 건물에만 투자하는 사모 펀드가 조성되기도 했다. 그러나 우리는 스타벅스와 부동산에 대한 깊은 이야기를 들은 바 없다. 건물주를 갓물주로 승격시키는 스타벅스의 부동산 공식은 베일에 싸여 있었다.

전재욱·김무연 기자는 발로 뛰고, 그동안의 축적된 취재역량으로 베일에 가려져 있던 스타벅스 부동산에 대한 원본을 발견해냈다. 그리고 이를 정성스럽게 필사해내 책으로 엮었다. 이 책은 단지 스타벅스를 유치하고 싶은 건물주에게만 도움이 되는 것은 아닐 듯하다. 꼬마빌딩업계에서 스타벅스가 의미하는 것은 좋은 입지를 선별하는 방법과 우수한 테넌트를 유치하는 법, 다시 말해 '돈이 될 건물'이 무엇인지 보는 눈을 의미하기 때문이다. 부동산 투자의 본질을 스타벅스를 통해 보여주는 두 기자의 재치를 독자들도 느껴보기 바란다.

배상영 (부동산학박사, 대신증권 리서치센터 글로벌부동산팀 팀장)

등기부등본 2,454장을 직접 떼 보면서 분석을 했다는 말에 이쯤 되면 정말 스타벅스가 입점해 있는 건물들의 분석끝판왕이 아닐까 하는 생각이 든다. 막연히 수동적으로 스타벅스가 유치되길 바라는 건물주가 아니라, 직접 이를 유치하는 능동적 건물주가 되기를 원한다면 이 책을 꼭 읽어보시기를 바란다.

채상욱 (부동산 애널리스트)

차례

1장 스타벅스 왜 가냐고? 있으니까!
‖ 블루오션의 착시 ‖

2장 왜 스타벅스인가?
‖ 건물값 올리는 마법 ‖

3장 한 달에 얼마 받으세요?
‖ 스타벅스 임대료 대해부 ‖

4장 스타벅스에 갑질해볼까?
‖ 계약의 노하우 ‖

5장 커피 한 잔 가격이면 나도 스타벅스 건물주!

스타벅스 건물주엔
남녀노소가 따로 없다

스타벅스가 실패하지 않는 이유는 하나다. 성공한 스스로를 반복해서 복제하기 때문이다. 복제의 대상이 무엇인지 아는 데에서 기회가 생긴다. 그러면 스타벅스가 지나가는 길목을 지키고 설 수 있다. 길목 지키기보다 중요한 건 스타벅스의 얼굴을 아는 것이다. 그렇지 않으면 스타벅스를 만나더라도 스칠 수밖에 없다. 1장을 들춰보면 시공간으로 그려내고 인구 수로 덧칠한 스타벅스의 초상을 볼 수 있다.

1장

스타벅스 왜 가냐고?
있으니까!
—
블루오션의 착시

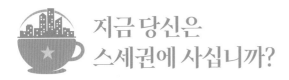

지금 당신은 스세권에 사십니까?

스타벅스 옆에 스타벅스가 생긴다.
전형적인 '빈익빈 부익부' 출점 전략이다.
스타벅스는 사람 가는 데를 따라가는 까닭이다.
핵심은 정주인구가 아니라 유동인구다.

스타벅스는 스타벅스 옆에 스타벅스를 낸다. '클러스터 전략'(cluster strategy)이라고 한다. 시쳇말로 '초토화 출점'이라고 부른다. 스타벅스 매장을 유치하려면 이런 특성을 활용할 만하다.

이러한 전략은 장단점이 갈린다. 매장 밀집 지역은 통상 상권이 발달해 있다. 기본 요건과 임대 조건이 맞으면 추가로 매장을 유치하는 데에 크게 무리가 없다. 검증된 지역이기 때문이다. 대신에 초기 진입의 문턱이 높다. 비용이 든다는 의미다. 반대로 이미 진입해 있는 임대인이라면 느긋하겠지만 외려 역차별을 받을 여지도 있다. 무르익다 못해 포화한 상권이라면 스타벅스도 출점을 주저할 것이다.

거꾸로 생각해볼 수도 있다. 스타벅스가 없는 지역에 스타벅스를 내는 것이다. 어차피 처음이라는 건 있기 마련이다. 이런 지역의 장단점은 앞서 언급한 지역의 장단점과 반비례한다. 초기 상권에서 우위를 점할 수는 있다. 그러나 다른 사람과 스타벅스는 왜 이런 생각을 안 했는지 신중히 따져볼 필요가 있다. 이걸 극복할 수만 있다면 역발상을 통해 '저비용 고수익'을 노려볼 만하다.

정공법이든 역발상이든 첫 단추는 '스타벅스가 어디에 얼마나 분포하는지'를 따지는 것이다. 그래야 지역 밀도를 변수로 의사결정을 내릴 수 있다.

이를 위해 우리는 스타벅스 점포를 공간과 기간으로 구분했다. 공간은 크게 17개 시도*부터 출발해, 시군구까지 내려간다. 기간은 1999년 출점을 시작한 이래 2021년까지 23년 동안이다. 대상은 1999년 7월 27일 서울 서대문구에 연 1호 이대점(지금은 이대R점)부터 2021년 12월 23일 강원도 속초시에 연 속초교동DT점까지 총 1,653개 점포다. 폐점한 246개 점포는 제외했다.

....

* 시도(市道)는 지방자치법에서 정한 행정구역이다. 특별시와 광역시, 특별자치시, 도, 특별자치도 등 모두 17개로 구성된다. 특별시는 서울이, 특별자치시는 세종이, 특별자치도는 제주가 유일하다. 시도의 하위 행정구역으로 시군구를 둔다. 시는 도내에, 군은 광역시나 도내에, 자치구(구)는 특별시와 광역시 내에 각각 둔다.

인구 18%가 몰린 서울에
스타벅스는 37% 쏠림

서울이 압도적으로 많다. 서울에 570개의 스타벅스 매장이 위치해 전체 매장의 3분의 1(34.4%)이 몰렸다. 경기(382개)가 두 번째로, 다섯에 하나(23.1%)꼴로 뒤를 이었다. 부산은 127개로 세 번째로 많다. 나머지 14개 시도는 매장이 100개를 넘지 못했다. 가장 적은 곳은 세종(11개)이었다. 세종을 제외하고 전남과 제주가 25개로 적다.

스타벅스 접근성이 좋은 권역

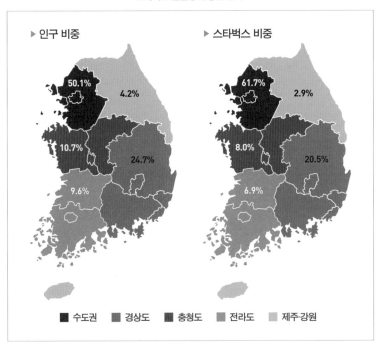

자료: 통계청 2020년 인구 총 조사, 스타벅스(소수점 둘째자리 이하 절사)

32

권역별로 묶어보면 수도권(서울·경기·인천)이 과반수다. 스타벅스 전체 매장에서 수도권 비중은 61.7%(1,020개)다. 매장 다섯에 셋은 서울을 중심으로 뻗어나간 셈이다. 경상도(경남·경북·대구·부산·울산) 20.5%(339개), 충청도(대전·세종·충남·충북) 8%(132개), 전라도(광주·전남·전북) 6.9%(114개)다. 강원도는 1.5%(26개), 제주도는 1.3%(22개)다. 인구가 많은 곳에 스타벅스 매장이 몰린 게 쉽게 눈에 띈다. 인구 비중은 수도권 50.1%(2,595만 8,000명), 경상도 24.7%(1,090만 8,000명), 충청도 10.7%(568만 5,000명), 전라도 9.6%(504만 4,000명), 강원도 2.9%(151만 5,000명), 제주도 1.2%(67만 명)다. 이로써 인구 밀도와 출점 빈도는 비례하는 것을 짚어냈다.

정확히 따지면 인구와 출점은 정비례하지 않고 기하급수적으로 비례한다. 스타벅스 출점이 인구[**]가 많을수록 더 집중하고, 적을수록 더 외면한다는 것이다. 실제로 서울은 전체 인구에서 차지하는 비중이 18.5%(960만 명)인데, 스타벅스 매장에서 차지하는 비중은 37.3%다. 서울처럼 스타벅스가 인구를 앞선 곳은 부산·광주·대전·제주·세종이다.

이러한 결과는 인구 수보다 인구이동이 영향을 미친 것으로 풀이된다. 상권은 정주인구(주거)와 유동인구(주거 외)가 더해져 형성된다. 서울은 사는 사람만큼이나 타지 사람도 출입이 빈번하다. 서울로 통근과 통학을 하는 인구는 전국에서 143만여 명[***]이다.

·····································

[**] 통계청 인구 조사는 2020년치를 활용했다. 스타벅스 매장 자료는 2021년치를 포함하고 있지만 두 숫자를 견주는 데 1년 시차는 크게 무리 없을 것으로 판단된다. 이하 같은 기준을 적용했다.
[***] 통계청 2020년 '현 거주지별/통근통학지별 통근통학 인구'(12세 이상)-시군구

17개 시도 통근·통학 인구

현 거주지 → 통근·통학지		인구
전국	전국	28,012,287
	경기	6,719,406
	서울	6,192,385
	경남	1,757,443
	부산	1,717,565
	인천	1,447,950
	경북	1,428,027
	충남	1,214,438
	대구	1,195,086
	전남	957,340
	전북	932,471
	충북	894,237
	강원	814,636
	대전	814,629
	광주	767,414
	울산	615,935
	제주	364,610
	세종	178,715

서울 통근·통학 인구

현 거주지 → 통근·통학지		인구
서울	전국	5,378,418
	서울	4,756,038
	경기	523,388
	인천	63,345
	충남	11,326
	강원	8,494
	충북	7,591
	대전	4,520
	세종	3,134
	경북	117
	전북	110
	부산	91
	대구	87
	전남	62
	광주	62
	경남	30
	울산	23

자료: 통계청 2020년 인구 총 조사 / 단위: 인구 명

서울에서 서울로 이동하는 인구(475만여 명)는 제외한 규모다. 이는 대전(146만여 명)과 광주(146만여 명)의 정주인구에 버금가는 규모다. 한국에 거주하는 외국인(110만여 명)보다 많고, 제주(69만여 명) 인구를 곱절(139만여 명)해도 따라잡지 못한다.

스타벅스 접근성이 좋은 권역

지역	인구	인구 비중	매장 수	매장 비중	인구당 매장 수
전국	51,780,000	100	1,653	100	31,324.9
수도권	25,958,000	50.1	1,020	61.7	25,449.0
경상도	12,908,000	24.7	339	20.5	38,076.7
충청도	5,685,000	10.7	132	8.0	43,068.2
전라도	5,044,000	9.6	114	6.9	44,245.6
제주·강원	2,185,000	4.2	48	2.9	45,520.8

자료: 통계청 2020년 인구 총 조사, 스타벅스(소수점 둘째자리 이하 절사) / 단위: 인구 명, 매장 개, 비중 %

권역으로 묶어보면 수도권은 스타벅스(61.7%)가 인구(50.1%)보다 비중이 컸다. '서울 효과' 덕이다. 그러나 수도권을 제외한 경상도(20.5% 대 24.7%), 충청도(8% 대 10.7%), 전라도(6.9% 대 9.6%), 제주·강원(2.9% 대 4.2%)은 스타벅스가 인구보다 비중이 작았다.

인구 수를 매장 수로 나눈 '스타벅스 접근도'를 파악하면 상대적인 분석을 펼 수 있다. 인구 몇 명꼴로 매장이 돌아가는지를 보면 접근성이 좋고 나쁜 지역이 드러난다. 한국인(5,178만 명)은 1,653개 스타벅스 매장을 공유하고 있다. 인구 3만 1,324명당 매장 1개를 나눠 쓰는 것이다. 지역 인구와 매장 수로 나눠보면 평균보다 적은(접근성이 좋은) 지역은 서울(1만 6,845명), 광주(2만 5,220명), 대전(2만 5,423명), 부산(2만 6,330명), 제주(3만 454명) 순이다. 앞서 인구와 매장 비중을 따진 결과 제주는 절대적으로 매장이 부족해 보였다. 그러나 인구당으로 접근하면 접근성이 우수한 축에 든다. 접근성이 가장 달리는 곳은 전남이다. 전남 인구는 7만 560명당 스타벅스 매장 1개를 공유하고 있다. 전남을 서울과 비교하면 접근성이 4배 넘게 달린다. 권역별로 보면 수도권이 2만 5,449명당 1개 매장을 가져 접근하기 편하다. 나머지는 경상도(3만 8,076명), 충청도(4만 3,068명), 전라도(4만 4,245명) 순서대로 접근성이 떨어졌다.

스타벅스가 시도 인구 몇에게 돌아가는지 보여주는 표

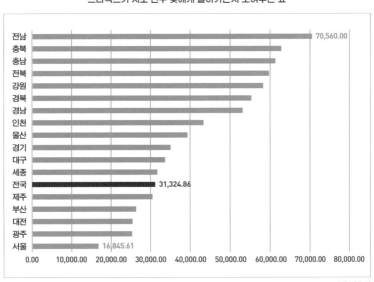

단위: 인구 명

스타벅스 접근성이 좋은 지역

지역	인구	인구 비중	매장 수	매장 비중	인구당 스타벅스
서울	9,602,000	18.5	570	34.48	16,845.61
광주	1,488,000	2.8	59	3.57	25,220.34
대전	1,500,000	2.8	59	3.57	25,423.73
부산	3,344,000	6.4	127	7.68	26,330.71
제주	670,000	1.2	22	1.33	30,454.55
전국	51,780,000	100	1,653	100.00	31,324.86
세종	349,000	0.6	11	0.67	31,727.27
대구	2,419,000	4.6	72	4.36	33,597.22
경기	13,405,000	25.8	382	23.11	35,091.62
울산	1,140,000	2.2	29	1.75	39,310.34
인천	2,951,000	5.6	68	4.11	43,397.06
경남	3,350,000	6.4	63	3.81	53,174.60
경북	2,655,000	5.1	48	2.90	55,312.50
강원	1,515,000	2.9	26	1.57	58,269.23
전북	1,792,000	3.4	30	1.81	59,733.33
충남	2,204,000	4.2	36	2.18	61,222.22
충북	1,632,000	3.1	26	1.57	62,769.23
전남	1,764,000	3.4	25	1.51	70,560.00

자료: 통계청 2020년 인구 총 조사 / 단위: 인구 명, 매장 개, 비중 %
인구당 스타벅스 오름 차순

평균을 넘는(접근성이 안 좋은) 지역은 매장 수 확장을, 평균에 미치지 못하는(접근성이 좋은) 지역은 매장 고도화를 각각 전략으로 노려볼 수 있다. 이번 1장에서는 스타벅스 전국 지도를 시도(市道) 광역시를 중심으로 그렸다. 다만, 전도만 봐서는 목적지에 정확히 그리고 제때 도착하기 어렵다. 그러므로 이어지는 본문에서는 지도의 축척을 시군구 단위로 확대하고 전도에 색을 덧칠해보기로 하자.

대한민국 절반 공략해
인구 90% 쓸어담기

스타벅스 매장은 국토 면적 50%에 분포한다.
그 지역에 대한민국 국민 90%가 살고 있다.
그런데 도시 간판을 달고도 스타벅스 매장이 전무한 곳이 있다.
전국에 7곳, 과연 어딜까?

전국 17개 시도에 달린 시군구(市郡區)*는 229개**다. 그중 스타벅스 매장이 있는 지역은 152개로 전체의 66.3%다. 서울과 6개 광역시에 달린 자치구(區·총 69개)에는 한 곳을 제외한 모든 지역에 매장이 있다. 인천 옹진군이 유일한 한 곳이다. 이렇듯 매장이 없는 나머지

....

* 시군구는 지방자치법에서 정한 행정구역이다. 전국에 시는 79개, 군은 82개, 구는 69개가 있다. 군은 도와 시에 달린다. 군의 인구가 5만 명을 넘으면 시로 승격한다. (자치)구는 특별시, 광역시, 인구 50만이 넘는 시에 둔다. 시와 구에는 동을, 군에는 읍과 면을 각각 둔다. 읍과 면에는 리를 둔다.
** 인구 50만을 넘는 시는 비자치구를 둘 수 있다. 경기 고양시·수원시·성남시·안산시·안양시·용인시, 경남 창원시, 경북 포항시, 전북 전주시, 충남 천안시, 충북 청주시 등 10개 시가 해당한다. 이들에 속한 구는 32개에 해당하는데, 여기서는 제외했다.

33.7%(77개) 시군구는 대부분 군이다. 이 명단에 이름을 올린 시(市)도 전국에 7개나 된다. 강원 삼척시·태백시, 경북 상주시·영주시·영천시, 전북 김제시·남원시가 해당한다. 인구 50만 이상 시에 달린 32개 비(非)자치구***에는 매장이 빠짐없이 분포했다.

국토 절반 공략하니
인구 90% 달려오네

대다수 군은 스타벅스를 담지 못했다. 전국에 있는 군은 모두 82개다. 여기서 70개 군은 스타벅스 매장이 없다. 열에 여덟아홉꼴(85.3%)이다. 스타벅스가 없는 전국 77개 시군구 가운데 군의 비중은 90%다. 결국에는 인구 때문이다.

지역 인구가 5만 명을 넘으면 시로 승격하고, 그 이하면 군에 머문다. 인구 5만 명은 절대적인 소비력이 갈리는 허들이다. 실제로 무매장 77개 지역 평균 인구는 4만 6,213명, 중위 인구는 4만 1,574명(경북 성주군)이다. 스타벅스 매장 1개가 전국 인구에 돌아가는 3만 1,324명에도 미치지 못하는 지역은 22개로 허다하다. 섬으로 구성된 경북 울릉군(8,444명)과 인천 옹진군(1만 9,292명)을 제외하고 최하위인 경북 영양군(1만 5,743명)은 2개를 합쳐야 간신히 스타벅스 매장 하나를 받아낼 정도다. 물론 경북 칠곡군(11만 5,756명)과 충남 홍성군(10만 2,757명)처럼 인구

....

*** 인구 50만이 넘는 10개 도시에 달린 비자치구

40

가 시에 버금가는 지역도 매장이 없다. (자세한 배경은 52쪽의 '인구 3만엔 스타벅스가 있고, 인구 10만엔 없는 이유'에서 살펴보자.)

스타벅스 매장 쏠림 현상은 1)매장이 있는 시군구와 2)없는 시군구의 3)인구와 4)면적****을 합산해 비교해보면 확연히 드러난다. 스타벅스 매장이 있는 152개 지역의 인구는 4,827만 674명, 면적은 4만 7,755.1km²이다. 스타벅스 매장이 없는 77개 지역은 인구 355만 8,462명, 면적 5만 2,676.7km²이다. 대한민국 전체 인구와 국토 면적으로 비교해보면, 인구(5,182만 9,136명) 가운데 93.1%는 스타벅스 매장을 가진 시군구에 주민등록을 두고 있다. 6.9%는 그렇지 않은 지역에 전입한 상태다. 반면에 대한민국 국토 면적(10만 432km²)에서 스타벅스 매장이 있는 시군구 면적은 47.5%이고, 없는 시군구 면적은 52.5%이다.

스타벅스 매장은 인구 열에 아홉(93.1%)이 거주하는 지역(47.5%)에 집중돼 있고, 이보다 넓은 지역(52.5%)에는 기껏해야 하나(6.9%)를 선택한 것이다. 국토 절반에 홀로 놓인 이를 공략하느니, 나머지 절반에 모인 아홉에 다가가는 게 현명하다. 철저하게 인구를, 이를 바탕으로 이뤄진 상권을 중점으로 매장을 확장한 것이다.

이 대목에서 의아할 수도 있다. 한적한 시외에 호젓하게 놓인 스타벅스 매장도 있기 때문이다. 스타벅스의 지역별 출점 전략이 그대로인지, 아니면 바뀌었는지 파악하려면 기간을 변수로 하는 분석이 필요하다. 이 부분은 59쪽의 '자세히 보면 지방에 스타벅스 매장이 몰

....

**** 국토교통부 2021년 국토현황 자료 참고

시도별 스타벅스의 시군구 현황

시도	전체 시군구	존재	부존재	존재 비중	부존재 비중
전국	229	152	77	66.4	33.6
경북	23	7	16	30.4	69.6
전남	22	7	15	31.8	68.2
강원	18	7	11	38.9	61.1
전북	14	4	10	28.6	71.4
경남	18	8	10	44.4	55.6
충남	15	8	7	53.3	46.7
충북	11	5	6	45.5	54.5
인천	10	9	1	90.0	10.0
경기	31	30	1	96.8	3.2
광주	5	5	0	100.0	0.0
대구	8	8	0	100.0	0.0
대전	5	5	0	100.0	0.0
부산	16	16	0	100.0	0.0
서울	25	25	0	100.0	0.0
세종	1	1	0	100.0	0.0
울산	5	5	0	100.0	0.0
제주	2	2	0	100.0	0.0

자료: 스타벅스 / 단위: 개, %

린다'에서 살펴보기로 하자.

이제 스타벅스가 없는 지역을 해부할 차례다. 이 작업에는 상대적
(매장이 없는 시군구 수가 전체 시군구에서 차지하는 비중) 변수와 절대적(매장이 없는 시군구
수) 변수를 적용했다.

상대적 기준으로 제일 뒤처진 시도는 전북이다. 전북 전체 14개 시
군 가운데 10개 시군에 매장이 없다. 도내의 시군 중 열에 일곱은 스
타벅스가 없는 셈이다. 앞서 살폈듯이 17개 시도 가운데 전북은 전체
스타벅스 매장에서 차지하는 비중(1.8%)이 11위, 인구당 매장(5만 9,733명
당 1개)은 14위로 각각 하위권이다. 여기에 더해 그나마 있는 스타벅스
매장도 쏠림 현상이 심하다.

절대적 기준으로 스타벅스가 부족한 지역은 경북이다. 23개 시군
가운데 16개 시군에 매장이 없다. 경북은 전체 스타벅스 비중 2.9%로
17개 시도 가운데 9위를, 인구당 매장(5만 5,312명당 1개)은 12위를 각각
기록했다. 성적만 두고 보면 중하위인데, 지역별로 접근하면 이 지역
도 매장 편중이 심하다.

경북은 억울한 측면이 있다. '솔직히 울릉도는 빼달라'는 것이다.
이렇게 하면 전남과 동률을 이룬다.

전남은 22개 시군 가운데 15개 시군에 매장이 없다. 전남은 스타
벅스 매장 비중(15위)이 하위이고, 인구당 매장(7만 560명당 1개)은 최하위
다. 그런데 전남도 억울하긴 마찬가지다. 진도군, 완도군, 신안군 등도
섬이기 때문이다.

피지오 마시러 떠난
90km 여정

 어느 지역이 더 억울한지 따져보고자 가상으로 이동 경로를 그려본다. 스타벅스가 뜸한 지역에서 매장을 찾아가는 여정이다. 구매 대상은 '쿨 라임 피지오.' 전남 완도군(군청 기준)에서 가장 가까운 매장은 목포평화광장점이다. 민트맛이 상큼한 스타벅스 피지오를 마시기 위해 도로 92km(직선거리 약 62km)를 타고 이동해야 했다.

 전북 남원시(시청 기준)에서는 전주시 평화DT점까지가 최선이다. 도로로 61km, 직선거리로 약 47km다. 그나마 경북 영양군(군청 기준)은 가장 가까운 안동시 안동강변DT점까지 도로로 50km(직선 약 35km)밖에 나오지 않았다.

 그런데 안동강변DT는 피지오를 판매하지 않았다. 헛걸음했다. 92km를 운전해 도착한 완도군과 50km를 이동하고도 허탕을 친 영

목포평화광장점

안동강변DT

전주평화DT

양군. 둘 다 고되긴 마찬가지다. 굳이 커피나 음료 한 잔을, 그것도 스타벅스 음료를 꼭 마시려고 이 정도 거리를 오갈 이가 있겠느냐만, 그러기엔 아주 먼 거리다.

아파트가 비싼 땅에
스타벅스가 몰리나요?

서울 강남구는 전국 시군구에서 매장이 가장 많다.
단지 강남구의 유동인구가 많아서일까?
공교롭게도 아파트값이 비쌀수록
스타벅스 매장 수가 많은 경향이 있다.

　스타벅스가 있는 시군구에서 매장이 가장 많은 곳은 서울 강남구
(91개)다. 매장 수 상위 10개 시군구 가운데 서울이 무려 8개이고, 경기
는 2개다. 모두 수도권이다. 인천 동구를 비롯해 전국 20개 시군구에
는 스타벅스가 단 하나만 존재한다.

　우리는 스타벅스 매장을 입체적으로 그려보고자 시군구 면적과 인
구 수를 서로 비교했다. 면적을 빗대서 '스타벅스 밀도'를, 인구를 견
줘서 '인구당 매장 수'를 각각 파악하고자 했다. 스타벅스 밀도는 인
구 밀도와 같은 개념이다. 인구 밀도는 특정 지역의 인구가 얼마나 과
밀한지를 파악하는 계산이다. 인구 밀도는 인구를 해당 지역 면적으

로 나눠 구한다. 마찬가지로 스타벅스 매장을 시군구 면적으로 나눠서 스타벅스 밀도 값을 구했다.

전국 시군구에서 스타벅스 밀도가 가장 촘촘한 지역은 서울 중구(53개·9.9km²)다. 중구의 제곱킬로미터(km²)당 스타벅스 개수는 5.3개다. 가로와 세로 1km 거리를 걷다 보면 스타벅스 5~6개를 마주친다는 의미다. 서울 중구는 면적이 좁고, 정주인구(12만 8,744명)보다 유동인구가 많아 상권 형성에 우호적인 환경을 갖췄다. 우선 서울시청 등 '관공서가 밀집'했다. 서울역과 지하철역 15개 등 '대중교통이 발달'했다. 명동·남대문시장·북창동먹자골목 등 '거리가 번화'했다. 신라·롯데·웨스틴·플라자·반얀트리·앰배서더호텔 등 '숙박시설이 널렸'다. 신한·하나·우리·IBK기업은행 본사 등 '샐러리맨이 출퇴근'한다. 매장당 인구 수로 따져보더라도 중구는 2,429명당 1개꼴로 전국에서 압도적인 1위다.

서울 강남구(91개·39.4km²)는 km²당 매장 2.3개가 위치해 2위다. 삼성전자를 비롯해 '기업체 본사가 몰렸'다. 도시기획 당시 건폐율과 용적률을 높여서 '상권을 형성하기 유리'하다. 인구당 스타벅스 매장 수는 5,583명당 1개로 전국 3위다.

스타벅스 밀도 3위는 부산 중구다. 이 지역은 매장이 6개에 불과하다. 그러나 좁은 면적(2.8km²) 덕에 km²당 2.1개 매장이 위치했다. 인구(4만 1,439명)가 적은 편이라 구민 6,906명당 1개꼴로 매장이 돌아가 전국 4위를 기록했다. 이 밖에 스타벅스 밀도와 인구당 매장 상위는 서울이 독식하다시피 했다.

서울 강남구(2위)를 둘러싼 서울(1위)과 부산(3위)의 '두 중구'가 눈에 띈다. 부산 중구(6개)는 매장 수로 보면 전국 152개 시군구 가운데 85 위에 해당할 만큼 적다. 그러나 면적과 인구로 접근하니 전국 상위에 든다. 서울 중구도 마찬가지다. 서울 강남구와 비교하면 매장은 38개 적고, 면적은 4배 가까이 좁다. 서울과 부산의 중구는 매장은 적지만 면적이 좁고 인구가 적어 외려 두각을 나타낸 것이다. 절대적인 매장 부족을 상대적인 인구와 면적으로 보완한 것이다.

모든 지역이 이런 효과를 거두는 것은 아니다. 인천 동구(7.1km²)는 면적이 서울 중구보다 좁은데, 스타벅스 밀도는 km²당 0.1명에 불과 하다. 전국에서 인구가 가장 적은 강원 고성군(2만 6,572명)은 매장이 1 개라서 군민 전부가 공유하고 있다. 모든 중소 지역이 가운데 중(中)을 지명으로 쓰는 서울과 부산 중구처럼 여건이 최적일 수는 없다. 다만, 이런 틀을 기본으로 입지를 추려본다면 선택지를 줄여볼 수 있을 것 이다.

서울 집값 하위 5개 지역 매장이 강남구의 '3분의 1' 수준

스타벅스 밀도는 상위 10개를 제외한 142개 지역은 1 이하를 기 록했다. 소수점 세 자리 밑으로 내려갈 만큼 매장이 흩어진 지역도 27 개나 되었다. 시군 단위의 광활한 면적에 매장이 1~2개 정도 위치하 니 불가피한 현상이다.

서울 아파트 가격 순위

구	평당 가격	구	평당 가격
강남구	8,294	동대문구	3,850
서초구	7,562	서대문구	3,740
송파구	6,078	노원구	3,720
용산구	5,822	성북구	3,710
성동구	5,286	종로구	3,674
마포구	5,029	구로구	3,569
광진구	5,021	관악구	3,566
양천구	4,904	도봉구	3,257
영등포구	4,831	은평구	3,244
동작구	4,770	중랑구	3,148
강동구	4,672	강북구	3,136
중구	4,548	금천구	2,871
강서구	4,104		

서울 매장 개수 순위

구	개수	구	개수
강남구	91	노원구	14
중구	53	성북구	14
서초구	45	구로구	12
영등포구	40	성동구	12
종로구	37	관악구	11
마포구	33	금천구	11
송파구	33	동작구	11
용산구	23	동대문구	9
강서구	22	은평구	8
서대문구	22	중랑구	8
강동구	17	강북구	6
광진구	17	도봉구	4
양천구	17		

단위: 가격 만 원(2021년 12월) / 평당 가격 내림차순

시군구별 집값과 해당 지역 매장 수는 일정 부분 비례해 눈에 띈다. 서울 25개 구 가운데 아파트 $3.3m^2$당 시세*가 저렴한 하위 5개 지역은 스타벅스 매장이 적은 5개 지역 가운데 4개 지역과 겹쳤다. 같

....

* KB부동산 시세. 매장을 집계한 시점인 2021년 12월 기준으로 산정했다.

은 기준으로 하위 10개 지역은 매장 하위 10개 지역 가운데 7개 지역을 차지했다. 반면에 시세 상위 5개 지역은 매장 수 상위 5개 지역 가운데 2개 지역을 차지했고, 상위 10개 지역은 매장 수 상위 10개 지역 가운데 5개 지역을 차지했다.

예컨대 3.3m²당 아파트 시세가 가장 비싼 강남구(8,294만 원)는 스타벅스 매장도 가장 많다. 집값 2위인 서초구(7,562만 원)는 매장 수 45개로 서울에서 세 번째, 전국에서 네 번째로 각각 많다. 반면에 서울에서 3.3m²당 가격이 싼 축에 드는 도봉구(3,257만 원)는 매장이 4개로 시내에서 가장 적다. 차례로 매장 수가 적은 강북구(3,136만 원·6개), 중랑구(3,147만 원·8개), 은평구(3,243만 원·8개)도 마찬가지로 집값이 서울 시내 하위 2~4위에 머문다.

광역시도 큰 틀에서는 비슷한 흐름을 보인다. 대구 수성구(2,110만 원·20개), 인천 연수구(2,372만 원·13개), 울산 남구(1,641만 원·15개)는 해당 지역에서 3.3m²당 아파트 시세가 가장 비싸면서 매장이 가장 많은 지역이다. 광주 광산구(1,450만 원·13개), 대전 유성구(1,984만 원·18개)는 집값이 가장 비싸면서 매장 수로는 2위다. 부산에서 3.3m²당 시세가 두 번째로 비싼 해운대구(2,453만 원)는 매장 수가 시내 16개 구 가운데 가장 많은 32개다.

지역 집값과 역내 매장 수는 아주 적확하게 비례하지는 않는다. 2019년부터 요동친 아파트 가격은 이런 흐름에서 일관성을 짚어내는 걸 방해한 측면이 있다. 다만, 큰 틀에서 지가(地價)와 매장 수는 같은 방향과 속도로 흘러가는 걸 넉넉하게 확인했다.

광역시 집값과 매장 개수

지역(개수)	시내 아파트 가격 1위의 시내 매장 순위		시내 아파트 가격 2위의 시내 매장 순위	
부산(16개)	수영구 (2,973만 원)	6위(7개)	해운대구 (2,440만 원)	1위(32개)
대구(8개)	수성구 (2,110만 원)	1위(20개)	중구 (1,717만 원)	3위(10개)
인천(9개)	연수구 (2,372만 원)	1위(13개)	부평구 (1,881만 원)	4위(8개)
광주(5개)	광산구 (1,450만 원)	2위(13개)	남구 (1,360만 원)	5위(9개)
대전(5개)	유성구 (1,984만 원)	2위(18개)	서구 (1,713만 원)	1위(23개)
울산(5개)	남구(1,641만 원)	1위(15개)	중구(1,280만 원)	3위(4개)

여기서 우리가 짚어낼 대목은, 매장이 특정 지역에 쏠리는 현상이 '시도'뿐 아니라 '시군구'에서 비슷하게 연결된다는 것이다. 쏠림에 영향을 주는 변수가 '인구'뿐 아니라 '땅 값'도 해당한다는 것이 핵심이다.

시군구를 더 잘게 쪼개 읍면동으로 나열하는 데까지 나아가지 못한 게 아쉽다. 표본이 분산된 게 첫 번째 이유다. 예컨대 매장 4개가 위치한 서울 도봉구의 행정동은 14개 동이다. 아울러 동 단위로 아파트 가격을 확인할 공신력 있는 자료도 마땅치 않다. 훗날 증개정판이 나오면 이 부분을 정교화할 수 있기를 기대한다.

인구 3만엔 스타벅스가 있고, 인구 10만엔 없는 이유

인구 4만이 안 되는 증평군에는 있고,
인구 10만이 넘는 영주시에는 없는 게 있다.
그것은 바로 스타벅스 매장이다.
두 지역의 희비를 가른 요인은 '접근 가능성'과 '인구 확장성'이다.

스타벅스 매장이 인구 수에 따라 결정될까? 인구 3만 7,183명이 사는 충북 증평군에는 스타벅스가 있고, 인구 10만 3,818명이 사는 경북 영주시에는 스타벅스가 없다. 영주시가 증평군보다 인구는 3배 가까이(2.79배) 많은데 어쩐지 처지가 뒤바뀐 듯하기까지 하다. 인구로는 설명이 안 된다. 증평군은 최근 5년 동안 인구가 제자리걸음하듯 변화가 거의 없었다. 영주시는 같은 기간에 인구가 감소했다.

그러나 앞에서 확인한 전국 매장 1개당 돌아가는 인구(3만 1,324.9)를 적용해보면, 영주시는 3개 이상을 수용할 수 있다. 증평군은 매장 1개를 빠듯하게 담아낼 뿐이다. 인구 10만 명은 절대적으로 수요를 창출하기에 부족하지 않은 규모다. 그럼에도 행정구역 분류 기준상 하위인 군(郡)과 상위인 시(市)라는 지위가 뒤바뀐 배경은 무엇일까?

작지만 강한 위성 도시가
중량급으로 홀로서기보다 낫다

두 지역을 둘러싼 지리적 환경부터 살펴보자. 충북 증평군은 같은 도내 청주시·괴산군·음성군·진천군과 시의 경계를 맞댄다. 이들 5개 행정구역의 합산 인구 수는 112만 3,851명이다. 스타벅스 매장당 인구 수(3만 1,324.9명)를 대입하면, 약 26개를 유치할 수 있는 규모다. 현재 실재하는 매장은 21개(괴산군, 진천군은 없음)다. 산술적으로는 아직도 '4개 매장'이 목마른 셈이다. 실례로 인구가 비슷한 울산(114만 명)은 매장 29개가 위치해 있다.

영주시는 증평군과 대비된다. 영주시는 경북 안동시·봉화군·예천군과 충북 단양군, 강원 영월군 등 5개 지역과 면해 있다. 이들 6개 지역 인구 수는 41만 815명이다. 인접 지역은 증평군(4개)보다 많은데 합산 인구는 적다. 그래도 대구 수성구민 수(41만 2,912명)와 맞먹는 상당한 규모다. 스타벅스 매장당 인구 수(3만 1,324.9명)를 대입하면, 13개 정도를 유치할 수 있다. 실재하는 매장은 안동에만 4개뿐이다. 산술적으로 9개 매장을 더 넣을 수 있다. 그런데 스타벅스는 들어가질 않는다.

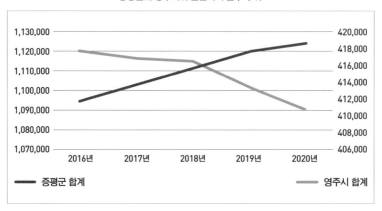

증평군과 영주시의 인접지역 인구 추이

증평군과 영주시의 인접지역 인구 추이

지역	인접 지역	연도					평균 연령	중위 연령
		2016년	2017년	2018년	2019년	2020년		
증평군	충북 증평군	37,075	37,625	37,485	37,493	37,183	42.9	43.8
	충북 청주시	840,338	842,311	845,036	850,938	855,326	40.8	41.2
	충북 음성군	104,635	104,509	105,539	104,823	103,725	45.5	47
	충북 괴산군	38,164	38,579	38,453	38,808	38,093	52.6	57.3
	충북 진천군	74,222	79,186	83,915	87,525	89,514	42.2	42.4
	증평군 합계	1,094,434	1,102,210	1,110,428	1,119,587	1,123,841	44.8	46.34

	경북 영주시	108,950	108,443	107,034	105,235	103,818	48.6	51.9
	경북 봉화군	31,262	31,082	30,872	30,308	29,945	55.4	59.6
	경북 예천군	44,212	46,321	51,082	53,020	53,718	49.5	52.8
영주시	경북 안동시	167,664	165,704	162,186	160,344	159,412	47	49.5
	충북 단양군	28,503	28,411	28,444	28,095	27,640	52.8	57.3
	강원 영월군	37,019	36,934	36,762	36,332	36,282	51.8	56
	영주시 합계	417,610	416,895	416,380	413,334	410,815	50.9	54.5
대한민국		51,269,554	51,422,507	51,629,512	51,779,203	51,829,136	42.9	43.9

자료: 통계청 2020년 인구조사평균연령, 중위연령은 2020년 기준 / 단위: 명

두 지역의 차이는 '접근 가능성'과 '인구 확장성', 이렇게 2가지 측면에서 풀어볼 만하다. 접근 가능성은 지리적 특성에서 찾아볼 수 있다. 증평군과 주변 4개 지역은 남북으로 중부고속도로가, 동서로는 충북제천고속도로가 지나며 '십자가'를 그린다. 상대적으로 교통이 편리해 왕래가 비교적 자유롭다. 증평군은 비교적 완만한 지대까지 더해 사통팔달에 놓여 있다. 반면에 영주시 일대 6개 지역을 지나는 고속국도는 남북을 지나는 중앙고속도로 하나 정도다. 영주시는 북서쪽 소백산맥(비로봉 1,439.5m)과 남동쪽에 박달산(579.5m)을 낀 분지다.

인구 확장성은 인구가 증감하는 추세에서 읽을 수 있다. 증평군 등 5개 지역 합산 인구는 최근 5년 전부터 2020년까지 매해 증가했다. 진천군과 음성군에 걸친 충북혁신도시가 본격적으로 자리를 잡고 정주 및 유동인구를 흡수하고 있다. 여기에 청주시는 SK하이닉스 공장과 국제공항을 낀 인구 85만여 명의 광역시급 도시다. 반면에 영주시 등 6개 지역은 최근 5년 동안 매년 인구가 감소했다. 주축 도시인 안동시의 인구 감소 영향이 컸다. 대한민국 전체 인구가 이 기간에 점증했는데, 증평군은 전체 평균을 웃돌았고 영주시는 밑돌았다.

두 지역을 열심히 비교한 이유는, 어느 지역이 낫고 못났다는 이야기를 하고자 한 게 아니다. 인구 수라는 함정에 빠지는 걸 피하고자 한 것이다. 인구가 많을수록 매장이 기하급수로 증가하는 것은 큰 맥락에서는 맞다. 이대로면 수도권과 대도시 중심으로만 매장이 뻗어나가야 한다. 그러나 틈새를 비집고 들어가는 지방 매장은 있기 마련이다. 디테일하게 접근하고 주변 환경을 따지면 한계를 극복할 수 있다. 증평군과 영주시는 이걸 정확하게 보여주는 적절한 사례다.

전국 82개 군에서 '70개가 없네'가 아닌 '12개나 있네'로 접근

앞서 살펴봤듯이, 전국 82개 군 가운데 70개 군은 스타벅스 매장이 없다. 강원 고성군·홍천군, 경기 가평군·양평군, 대구 달성군, 부산 기장군, 울산 울주군, 인천 강화군, 전남 무안군·화순군, 충북 음성군·

증평군이 군 단위로 매장을 가진 지역에 해당한다. 사실 군이 스타벅스를 유치하기 버겁다는 점은 부정하기 어렵다.

12개 군 대부분은 수도권과 광역시의 여력이 미치는 곳이다. 전남 무안군(2개)은 도청소재지 이전으로 형성된 신도시와 목포시 생활권이 겹친 측면이 있다. 전남 화순군도 광주의 위성도시 성격이 크다. 강원 고성군과 홍천군 매장은 리조트에 달려 있어 다수보다 소수에 열린 매장이다. 참고로 울산간절곶점은 울산 울주군의 유일한 매장으로, 군민 22만 5,050명이 이곳 하나를 나눠 쓴다. 인구당 매장으로 치면 전국 최대에 해당한다.

우리가 주목할 것은 군의 환경이 열악한 이유가 아니다. 열악한 환경을 딛고 유치한 배경을 찾아보는 게 더 생산적이다. 매장이 없는 70개 군 지역에서, 앞서 매장을 유치한 12개 군의 강점과 장점을 찾아보는 것이다. 대부분 5만 명에 못 미치는 열악한 인구와 상권이 집중하기 어려워 상대적으로 넓은 면적, 이 2가지 핸디캡을 극복하고 매장을 유치한 배경 말이다. 이걸 알아야 스타벅스를 설득할 수 있다. 충북 증평군을 '무스타벅스' 70개 군에 희망이 될 만한 성공 스토리

울산간절곶점

충북혁신도시점

를 쓴 대표 사례로 소개한 것은 그 때문이다.

충북 증평군과 함께 다뤘던 충북 음성군도 참고할 만한 사례다. 음성군은 최근 5년 새 인구가 910명 순감했으나 착시를 걷어내면 그렇지 않다. 상당수가 충북혁신도시 생활권으로 이동한 것으로 분석*되기 때문이다. 이러면서 충북 진천군과 함께 충북혁신도시 인구를 끌어올렸다. 두 지역의 합산 인구는 5년 동안 8%(1만 4,382명) 증가했다. 이를 바탕으로 충북 음성의 스타벅스 충북혁신도시점은 2020년 10월 22일 영업을 시작했다. 2023년 1월 현재 진천군 소재 스타벅스는 아직 전무한 상황이다.

....

* 서민철, 〈진천군 충북혁신도시로의 인구 이동 특성〉, 기전문화연구(畿甸文化研究), 2021. 2016~2020년 충북 음성군에서 충북 진천군 덕산읍(충북혁신도시)으로 이동한 인구는 4,415명이다.

자세히 보면 지방에 스타벅스 매장이 몰린다

전국구 매장 스타벅스는 이제 지방의 DT를 주목한다.
장기 임대와 저렴한 임대료라는
두 마리 토끼를 잡을 수 있기 때문이다.
수도권에 몰렸던 기회가 지방에 더 열릴지 주목되는 포인트다.

스타벅스의 시작은 서울을 기반으로 하는 '로컬 커피숍'이었다. 지금이야 전국 시도에 빠지는 곳이 없고 전체 시군구 66%(229개 가운데 152개)에 들어섰지만, 걸음마 시절은 있었다. 이 당시는 한 해에 출점하는 매장 대부분을 서울에 뒀다. 서울 매장 출점 비중이 30%대로 내려온 것은 2011년에 이르러서다. 1999년 7월 서울에 1호 매장이 생기고 난 지 12년 만이다. 서울이 아닌 지역에 처음 스타벅스 매장이 생기기까지는 1년 10개월이 걸렸다. 경기 고양시에 있는 화정점(2001년 5월 개소)이 주인공이다.

지역을 넓혀 보더라도, 초창기는 '수도권 다방'을 벗어나지 못했

화정점

다. 1999~2010년 새로 생긴 매장 75%*가 서울, 경기, 인천에 들어섰다. 연간으로 끊어 보더라도 2008년(56%) 한 해를 제외하고 70% 밑으로 떨어진 적이 없다. 서울과 수도권 집중은 스타벅스가 사업 초기에 발판을 다지고자 필요한 전략이었다.

'전국구 다방'으로의 부상은 2010년대 들어 시작한다. 출점 매장이 2011년 72개로 전년(34개)보다 더블링을 기록해 신호탄을 쐈다. 2013년 이후부터는 연간 출점 매장을 100개 이상 유지한다. 이를 기점으로 본격적인 양적 팽창에 돌입한 것으로 평가된다. 이로써 수도권이 아니라도 지방에 매장을 둘 여력이 생겼다. 서울 편중 현상이 다소 누그러졌고, 수도권 비중이 지금처럼 60%대로 내려왔다. 그럼에

* 폐점한 매장을 제외하고 2021년 기준으로 영업 중인 매장. 이하 같은 기준을 적용했다.

도 여전히 매장 열에 여섯이 수도권에 생기는 건 별수가 없다. 2013년부터 2021년까지 출점한 매장(1,295개)에서 수도권 비중은 59%(776개)다. 연도별로 보더라도 최소 54%(2015년)에서 최대 65%(2020년)다.

수도권을 지역별로 구분해보면 서울과 경기가 비슷하다. 2013~2021년 매해 신규 전체 매장에서 경기 비중은 16%(2016년)에서 38%(2020년) 사이였다. 서울은 22%(2020년)에서 37%(2016년)였다. 인천 비중은 한 자릿수를 벗어나지 못했다. 경기 비중이 커진 것이 수도권 매장 진출의 특징이다. 경기는 2019년과 2020년 신규 매장 수가 서울보다 많았다. 1999년 스타벅스가 영업을 시작한 이후 서울이 1위에서 밀린 것은 2019~2020년이 처음이었다. 2021년은 경기(43개)가 서울(49개)에 다시 밀렸지만 둘의 격차는 크지 않다.

경기가 서울을 처음으로 역전한 배경 짚어보니, 'DT'

지방에서 스타벅스가 가장 늦게 생긴 곳은 세종이다. 2014년 1월에 비로소 세종청사점이 첫 매장으로 문을 열었다. 세종은 2012년 7월 출범한 신생 도시라는 점, 이는 반드시 고려할 대상이다. 세종을 제외하면 제주가 2012년 5월에 도내 첫 매장(제주중문점)을 열었다. 전남도 2011년 6월에 1호 매장(순천조례점)이 생겨 늦은 편이다. 수도권을 제외하고 처음 매장이 열린 곳은 부산 하버타운점(2001년 5월)이다. 이곳이 영업을 시작하고 하루 뒤에 같은 지역에 부산대점이 문을 열었다.

제주중문점

하버타운점

순천조례점

신세계광주점

세종청사점

광주의 신세계광주점(2001년 10월)도 여타 지역과 비교하면 일찌감치 문을 연 편이다.

나머지 지역을 시기별로 보면 2002년 4월 대구(반월당점), 2003년 11월 강원(비발디파크점), 2004년 12월 대전(은행동점), 2006년 7월 경북(경산이마트점), 2007년 6월 경남(신세계마산점), 2008년 3월 충남(천안신부동점), 9월 울산(현대동구점), 12월 전북(군산AB점), 2010년 12월 충북(청주지웰시티점)에 첫 매장이 생겼다.

지방에서 눈에 띄는 지역은 충청도와 전라도다. 2021년에 생긴 전국 매장(163개) 가운데 열에 하나는 충청도(17개·10%)와 전라도(13개·8%)에 생겼다. 충청도는 2017년(16개) 이후 4년 만에 역대 최대를 기록했다. 마찬가지로 전라도는 2019년(13개)에 이어 동률로 매장이 많이 들어왔다.

지방 출점은 드라이브스루(DT)와 밀접한 연관성을 보인다. DT는 넉넉한 공간에 지어야 한다. 공간은 건물이 아니라 토지 면적을 의미한다. 자동차가 드나들어야 하기 때문이다. 그런데 애초에 자동차 통행을 고려하지 않고 지은 건물은 DT 매장으로 쓸 수 없다. 그래서 상당수 매장은 DT 영업에 최적화한 맞춤형 건물을 별도로 짓는다.

도심에 이런 건물을 올리기엔 제약이 따른다. 땅값이 비싼 데다 일부는 교통 체증을 유발해 부담이 된다. 한마디로 서울에는 DT를 짓기가 여의치 않다. 실제로 현재 DT 매장 338개 가운데 서울 매장은 18개에 불과하다. 전체 DT 매장 가운데 5%에 불과하다. 서울이 전국 매장에서 차지하는 비중 34%(570개)를 고려하면 미미한 수준이다.

대세는 DT,
땅값 비싼 서울 떠나 지방으로 안착

DT를 서울에 짓지 못할 뿐이지, 대세 매장이다. 포화한 도심 상권에 매장을 들이대기 어려운 상황을 돌파할 해답이 바로 DT다. 현재는 스타벅스 전체 매장(1,653개)에서 차지하는 비중이 20.4%(338개)까지 성장했다. 속도가 무섭다. 최초로 2012년 9월(경주보문로DT)에 도입한 이래 2015년을 기점으로 가속 페달을 밟았다. 그때부터 2021년까지 문을 연 1,029개 매장 가운데 30%(316개)는 DT다.

지역별로 보면 숫자는 더 도드라진다. 2015년 이후에 문을 연 전라도 매장 76개 가운데 63%(48개), 충청도 매장 92개 가운데 42%(39개), 경상도 매장 204개 가운데 38%(48개), 경기 매장 267개 가운데 35%(95개)가 각각 DT다. 앞서 2019~2020년 경기가 서울을 매장 수에서 앞선 것과 같은 선상에서 해석해볼 수 있다.

기간을 좁혀보면 더 잘 보인다. 전라도에 생긴 매장은 지난해 13개 가운데 10개(76%), 2020년 10개 가운데 8개(80%), 2019년 13개 가

경주보문로DT점

	전체	DT	비중
전라도	76	48	63.1
인천	46	21	45.6
충청도	92	39	42.3
경상도	204	79	38.7
경기	267	95	35.5
전체	1,029	316	30.7
수도권	623	134	21.5
서울	310	18	5.8

단위: 개, %

운데 10개(76%)가 DT 매장이다. 충청도도 비슷해서 지난해 17개 가운데 7개(41%), 2020년 8개 가운데 3개(37%), 2019년 14개 가운데 9개(64%)였다.

매장을 오랜 기간 운영하기 적합한 점도 DT의 매력을 키운다. 사실상 DT 건물은 '맞춤형'이라서 다른 용도로 사용하기가 여의찮은 측면이 있다. 한정식 식당에 굳이 자동차가 오가는 동선이 필요없지 않은가. 공간 효율을 떨어뜨리므로 건물 가치에 긍정적인 요인은 아니다. 아울러 같은 용도로 쓸 다른 이를 들이기도 쉽지 않다. 상대적으로 외곽까지 고객을 제발로 불러들일 브랜드를 찾아야 한다. 이런 이유에서 임대인은 스타벅스가 아니면 건물을 제대로 활용하기가 어렵다. 스타벅스가 오래 머물기를 바란다는 의미다. 실제로 DT 전세기

DT 매장의 전세 기간, 보증금, 면적

	평균 전세기간	3.3m² 당 임대보증금	평균 건물면적
DT	12년	229만 3,759원	429.48m²
전체	8.9년	237만 7,621원	333.69m²

간은 평균 12년(확인 가능한 326개 매장으로 산출. 이하 괄호 같은 기준)으로, 전체 평균 8.9년(1,335개 매장)보다 3년 넘게 길었다.

DT는 평균 임대 보증금이 2억 9,800만 원으로 전체 매장 평균 임대 보증금(2억 4,000만 원)보다 5,000만 원 가까이 비쌌다. 보증금을 평당으로 환산하면 DT는 229만 3,759원, 전체는 237만 7,621원이다. DT 평균 면적은 429.48m²(327개 매장)로 전체 평균 333.69m²(1,346개 매장)보다 크기 때문이다. 상대적으로 넓은 공간 때문에 평단가가 내려간 측면이 있다. 우호적인 임대인과 저렴한 임대 보증금으로 오래 영업할 수 있는 DT가 지방 출점 공식으로 굳어질지 주목할 여지가 있다.

여기 한국이잖아요,
커피값은 달러로 낼게요

누구나가 아니라 누군가만 이용하는 특수 매장이 있다.
손님을 가려 받는 건가 싶지만, 알고 나면 성을 내기 어렵다.
주한 미군 부대, 기업체, 시즌 매장, 공항에 있는 매장.
스타벅스는 이런 매장을 왜 만든 걸까?

　스타벅스 매장은 대부분 현금 받는 걸 꺼린다. 되도록 카드 결제를 유도하고, 그렇지 않으면 스타벅스 앱으로 원격 주문하기를 권유한다. 2018년에 시작해 점차 이런 매장을 늘려가고 있다. 언젠가는 모든 매장에서 현금을 없애고자 계획한다. 그런데 여기 이 매장에 가면 지금도 현금으로 결제할 수 있다. 아마 앞으로도 바뀌지 않을 것 같다. 게다가 한국 원화뿐 아니라 미국 달러화까지 받는다. 이런 매장이 어디 있느냐고? 몰라서 모르는 게 아니라, 대부분은 갈 수가 없어 모른다. 주한 미군 부대에 있는 스타벅스 이야기다.

'미군에 진심'인데
악성 루머 탓에 한동안 진땀

미군 부대 매장은 특수 매장이다. 매장(괄호 안은 개장 시점)은 경기 동두천시 캠프케이시(2012년 6월), 오산시 오산AB(2006년 12월), 평택시 평택험프리(2007년 12월), 평택험프리 트룹몰(2016년 12월), 평택험프리 메인몰(2017년 10월), 대구의 대구캠프워커(2008년 11월), 전북 군산시 군산AB(2008년 12월) 등 전국에 7개가 있다. 앞서 용산미8군·용산타운하우스(서울 용산구), 캠프캐롤(경북 칠곡군)이 성업했지만 현재는 폐점한 상태다. 미군기지가 이전하면서 자연스레 문을 닫았다.

이들 매장은 부대 안에 진입해야 이용할 수 있다. 부대 출입증이 있는 이들이 고객이다. 미군 장병과 부대 군무원, 부대시설 종사자가 해당하고, 기껏해야 이들과 동행한 외부 인사 정도다. 미군은 해외에 부대를 설계할 때 영내에서 거의 모든 생활이 가능하도록 계획한다. 학교, 병원, 대형마트, 식당, 심지어 골프장까지 만든다. 주한 미군과 그들 가족의 생활이 안정돼야 전투력도 담보할 수 있기 때문이다. 스타벅스는 이런 배경에서 주한 미군의 요청을 받아 부대에 매장을 만들었다.

미군 부대 매장은 살다 보면 혹시 이용할 일이 생길지 모른다. 부대시설에 취직하거나 동행자를 따라가면 얼마든지 가능하다. 행여 영어를 못하더라도 당황할 필요는 없다. 메뉴판은 영어로 돼 있지만, 주문은 한국말로 하면 된다. 직원이 영어를 구사하지만 영어만 사용하는 것은 아니다. 스타벅스는 미군 부대 매장 직원을 뽑을 때 영어 활용 능력을 우대하긴 해도 필수로 요구하진 않는다. 이곳 직원들도 대개 한국인이다. 다만, 결제 수단은 미리 준비해야 당황할 일이 없다. 미군 부대 매장에서는 현금과 카드를, 현금은 원화에 더해 달러화까지 사용할 수 있다. 그러나 스타벅스 카드는 결제도 충전도 못한다. 사이렌오더(siren order: 스마트폰 간편 주문 시스템)도 막혀 있다.

스타벅스 미군 부대 매장은 마냥 이익을 좇지는 않는다. 공개된 공간에서 다수 고객을 받는 부대 밖의 매장과 비교하면 한계가 있다. 물론 부대원이 상당수이긴 하지만 제한된 공간에서 특정 고객만 상대하는 것은 제약이다. 그럼에도 부대 매장을 고집하는 이유는 군인의 사기 진작 차원이 크다. 주한 미군이 자국에서 입에 익은 커피를 해외에 주둔하면서 즐기는 건 행운일 테다. 앞서 미군이 주한 부대를 설계하면서 스타벅스에 매장 출점을 요청한 것은 이런 이유가 크다.

스타벅스와 미군 간의 유대는 끈끈하다. 현재까지 스타벅스 본사가 채용한 재향 미군과 현역 군인 가족은 3만 명이 넘는다. 2021년 재향군인의 날(11월 11일)에는 미국 전역에서 매장을 찾은 전현직 군인과 그들 배우자에게 커피를 무료로 제공했다. 당일 판매한 커피는 매 잔마다 25센트를 떼어 퇴역군인 치료 프로그램에 기부했다.

미군에 대한 스타벅스의 진심을 이해하면 2004년에 발생한 악성 루머 사건은 아프기 그지없다. 당시 '스타벅스가 이라크전 참전 미군에게 커피 제공을 거부했다'는 풍문이 일었다. 사실이 아니었다. 스타벅스는 2002년부터 해외에 주둔하는 미군에게 커피를 후원했다. 그런데 거짓 소문이 사실처럼 걷잡을 수 없이 퍼졌다. 풍문의 당사자가 나서서 그 내용이 사실이 아니라고 확인해 다소 진정되었다. (아이러니하게도 루머의 당사자는 현역 해병대원이었다.)

그러나 지금도 잊을 만하면 한 번씩 되풀이하는 루머 때문에 스타벅스는 애를 먹는다. 자세한 내용은 스타벅스 스토리(stories.starbucks.com)를 방문하면 확인할 수 있다. 그러나 멀리 갈 것도 없다. 스타벅스의 미군 사랑은 한국에서 운영하는 특수 매장만 보더라도 짐작할 만하다.

거리상으로 가깝지만 갈 수 없는 매장

부평GM점도 미군 부대처럼 운영한다. 인천 부평구에 2011년 12월 처음 문을 열었다. 매장은 제너럴모터스의 입점 신청을 받아서 출점이 이뤄졌다. 스타벅스가 특정 기업을

부평GM점

대상으로 매장을 낸 최초 사례다. 매장 운영은 모험에 가까웠다. 부평 GM 공장은 외부인 출입이 엄격하게 통제된다. 임직원이 아닌 일반 고객은 들일 수가 없는 구조다. 한정된 고객만 상대해야 한다. 그런데도 부평GM 임직원에게 커피를 5% 싸게 판매하는 특별할인까지 제

공한다. 이런 점에서 부평GM점은 한국GM 부평공장 임직원에게는 최고의 복리후생으로 꼽힌다. 공교롭게 두 회사는 같은 미국계 기업이다. 미국을 연결고리로 하는 미군과 GM, 그리고 스타벅스 간의 유대는 폐쇄형 매장을 보면 상징적으로 드러난다.

강원도 홍천군에 있는 비발디파크점과 오션월드점, 이 두 곳도 폐쇄적인 매장이다. 여기 매장은 비발디파크 스키장과 오션월드, 27개 홀로 구성된 골프장 그리고 숙박시설로 구성된 소노호텔&리조트에 달려 있다. 한철 장사를 하고, 나머지는 쉰다. 스키장이 개장하고 폐장하는 매해 11월 무렵부터 이듬해 2월까지는 비발디파크점이, 매년 6월부터 9월 무렵까지는 오션월드점이 각각 장사를 한다.

다만, 시즌 매장은 매년 영업 상황에 따라 운영 기간이 달라진다. 오션월드는 겨울에도 개장하기에 오션월드점도 겨울까지 영업을 하곤 한다. 이들 두 매장에서는 사이렌오더, e-gift item, 신세계상품권을 쓸 수 없다. 신세계포인트도 적립이 안 된다. 스타벅스 카드 충전, 결제도 막혀 있다.

비발디파크점

오션월드점

인천공항중앙점

인천공항T2에어점

인천공항에 입점한 스타벅스 매장도 폐쇄형 매장에 가깝다. 인천
공항에 입점한 매장 5개 가운데 인천공항중앙점과 인천공항T2에어
점 등 2개 매장은 면세구역 안에 위치한다. 출국 심사를 받지 않은 고
객은 해당 매장을 이용하지 못한다.

스타벅스를 길목에서 마주하더라도 준비가 안 돼 있으면 기회는 날아 간다. 스타벅스에 구애하는 임대인은 넘치고, 독자는 개중에 하나다. 스타벅스 눈에 들 매력이 필요하다. 핵심은 스타벅스가 무엇을 원하는 지 아는 데 있다. 그래야 원 오브 뎀에서 온리 원이 된다. 2장에서는 스 타벅스의 이상형을 분석한다. 등기부등본 2,454장으로 해부한 전국 1,653개 매장의 평균 모습이 실체를 드러낸다.

2장

왜 스타벅스인가?

—

건물값 올리는 마법

스타벅스 유치하면
진짜 건물값 오르나?

스타벅스를 유치해 얻는 월세는 어찌 보면 부차적인 이익일 것이다.
결국에는 건물 가치를 올리는 것이 본질이다.
큰 그림을 그리려면 손가락(월세)이 아니라
달(스세권)을 볼 줄 알아야 한다.

스타벅스 투자에 앞서 가장 근본적인 질문으로 돌아가보자. 우리는 왜 스타벅스 건물주가 되고 싶어 할까? 내가 사들인 부동산에 스타벅스를 유치하고 싶은 이유는 여러 가지가 있다.

우선 스타벅스는 국내 유통 대기업인 이마트의 자회사 SCK컴퍼니(옛 스타벅스코리아)가 전 매장을 직영으로 운영하고 있다. 굴지의 대기업 자회사인 데다 국내 커피 외식업체 가운데 가장 큰 매출을 올리고 있으니 임대료를 내지 못해 건물주의 속을 썩이는 이른바 '먹튀'를 할 가능성은 거의 없다고 봐야 한다.

그러나 그보다 더 근본적인 이유는 바로 '스세권'의 형성이다. 스세권이란 무엇인가? 걸어서 스타벅스를 갈 수 있는 상권을 말한다. 스세권이 형성되는 이유는 너무나도 간단하다. 남녀노소 불문하고 카페를 찾는 사람들은 일단 너무나 익숙한 스타벅스 간판부터 찾기 때문이다.

단순히 커피 맛만 놓고 보면 스타벅스보다 나은 커피 전문점도 얼마든지 찾을 수 있다. 실내 인테리어도 스타벅스보다 편하게 휴식을 취할 수 있는 곳이 있으며, 사진을 찍어 주변에 자랑할 만한 '인스타' 감성을 가진 예쁜 카페도 흔하다.

그럼에도 사람들이 스타벅스를 유난히 찾는 까닭은 무엇일까? '아메리카노'란 단어조차 익숙하지 않던 시절, 국내에 미국식 카페 문화를 처음으로 도입해 아직까지 최고의 카페 브랜드 이미지를 간직하고 있기 때문이다.

카페를 찾는 사람들이 스타벅스를 위주로 모여들다 보니 당연히 스타벅스가 입점한 건물 위주로 상권이 발달할 수밖에 없다. 실제로 한 중저가형 커피 브랜드는 공식적으로 스타벅스 주변에만 입점하는 전략을 고수한다고 인정하기도 했다. 스타벅스 유치에 관심이 많은 사람들은 스세권에 위치한 아파트 가격에 프리미엄이 붙는다는 기사를 접해봤을 것이다.

상권의 중심, 스세권을 형성하는 건물은 당연히 가치가 천정부지로 높아질 수밖에 없다. 이것이야말로 우리가 스타벅스 건물주가 되고 싶어 하는 궁극적인 이유라 할 수 있다.

스세권 효과로 재테크 성공,
2년 만에 매각 차익 18억 원

그렇다면 정말 스타벅스를 유치한 것만으로도 건물값이 쑥쑥 오를까? 그 답은 스타벅스가 입점한 건물의 등기사항전부증명서에서 찾아볼 수 있다.

경기 남양주시에 위치한 스타벅스 남양주화도DT점을 살펴보자. 해당 건물은 부동산에 전문적으로 투자하는 이지스자산운용의 관계사인 '스카이밸류'가 2020년 개발을 마친 곳이다. 3층(693.31㎡) 규모의 이 건물은 건축 당시부터 스타벅스 DT 유치를 염두에 두고 지어진 것으로 추정된다.

당시 스카이밸류는 해당 건물을 지으면서 국민은행에 근저당을 잡혔다. 채권최고액은 49억 2,000만 원. 일반적으로 근저당 설정 시 채권최고액은 빌린 돈의 120%로 설정한다는 점을 감안하면, 스카이밸

남양주화도DT점

류는 국민은행으로부터 약 41억 원을 끌어다 썼다고 볼 수 있다.

스카이밸류는 같은 해 10월 스타벅스 유치에 성공한다. 그리고 6개월이 지난 2021년 4월에 스카이밸류는 해당 건물을 서울 강남구에 거주하는 1977년 동갑내기 부부에게 매각했다. 등기사항전부증명서 상 매각가는 적혀 있지 않다. 다만, 부부가 국민은행과 근저당을 설정할 때 책정된 채권최고액은 66억 원이었다. 즉 부부는 건물을 살 때 국민은행으로부터 최소 55억 원을 차입했단 뜻이다. 차입금이 늘어난 이유는 간단하다. 그만큼 건물값이 올랐다는 소리다. 스카이밸류가 건물을 짓고 스타벅스를 임차한 뒤 매각할 때까지 6개월의 시간 동안 건물의 가치는 14억 원가량 올랐을 것으로 추정된다.

유명인 가운데 이미 이런 스세권 효과를 노리고 재테크에 성공한 인물이 있다. 바로 개그맨 박명수 씨 부인 한수민 씨다. 한 씨는 2011년 10월 서울 성북구 동선동에 위치한 성신여대 근처에 위치한 꼬마 빌딩을 사들였다. 해당 건물은 1층에 편의점, 2층에 카페, 지하에 노래연습장이 있는 단순 상가 건물

성신여대점

이었다. 한 씨가 이 건물을 약 29억 원에 매입하면서 먼저 한 일은 스타벅스 입점이다. 이후 한 씨는 해당 건물을 2014년 7월 한 중소기업에 약 47억 원에 되팔았다. 2년 만에 매각 차익만 18억 원을 거둔 셈

동탄영천점

이다. 2년 동안의 임대 수익 등을 합산하면 157%에 달하는 수익률을 기록한 것으로 알려졌다. 꼭 꼬마빌딩을 세우지 않더라도 상가에 투자하는 것만으로도 꽤나 쏠쏠한 수익을 얻을 수 있다.

경기도 화성시 영천동에 있는 상가 건물 에이스플라자의 1층에 있는 104호와 2층의 202호는 2016년 4월에 각각 새 주인을 맞이했다. 이후 2016년 6월 스타벅스는 해당 건물 104호와 202호를 사용하는 조건으로 임차 계약을 맺으며 스타벅스 동탄영천점이 영업을 시작했다. 202호 건물주는 2018년 12월 상가를 매각한다. 기존의 2층 건물주였던 김모 씨는 2016년 상가 건물 매입 당시 8억 2,200만 원을 지불했는데, 2018년 9억 2,000만 원에 매각하면서 약 1억 원의 차익을 올렸다. 평단가는 2,037만 원에서 2,280만 원으로 올랐다. 현재 202

호의 평단가는 4년 전 거래된 약 2,300만 원보다 높은 가격에 형성된 것으로 알려졌다. 참고로 2022년 4월 에이스플라자 3층의 한 호실은 평단가 1,700만 원에 거래되었다. 저층일수록 평단가가 높은 상가 특성을 고려해서 이 가격을 주목할 만하다.

스세권 효과 의문?
DT 등 투자 방향 늘어나 오히려 이득!

물론 스타벅스를 유치한다고 해서 '스세권' 형성 효과를 보장하기는 어렵다. 2016년 서울에서 개점한 스타벅스 매장의 입점 전후 1년간 공시지가, 유동인구, 동종업종, 이종업종 등은 크게 변하지 않았다는 내용의 연구[*]는 참고할 만하다. 스세권이 '자기 암시' 효과에 가깝다는 분석이 흥미롭다. 스타벅스는 돈이 되는 상권에 입점한 것에 불과하다. 하지만 스타벅스의 브랜드 파워가 워낙 강하다 보니 스타벅스가 들어서면 상권이 살아난다는 인식이 뒤따른 것이다. 인과관계가 역전된 셈이다.

외려 스타벅스가 한 상권에만 몰리다시피 개점하다 보니 스타벅스 효과가 상대적으로 떨어진다는 이야기도 나온다. 과거에 스타벅스를 찾기 어려웠을 때는 스타벅스 입점만으로도 해당 부동산의 가치가

....

[*] 2020년 한양대 도시공학과 연구진이 국토지리학회지에 게재한 〈스타벅스 입지의 공간적 효과에 관한 연구〉

크게 뛸 여지가 있었다. 지금처럼 같은 상권에 스타벅스가 여러 개 포진하면 고객이 전보다 분산된다. 스타벅스가 입점한 건물을 중심으로 사람이 몰려 상권이 형성될 가능성도 상대적으로 낮아지는 것이다. 2000년대 중반까지만 하더라도 스타벅스 정률 임차료는 매출의 17% 수준까지 형성되었지만, 현재는 12~13% 정도에 그치는 걸 참고할 만하다.

그럼에도 아직까지 건물주들에게 스타벅스가 인기 있는 까닭은 분명하다. 스타벅스가 1위 브랜드에 안주하지 않고 끊임없이 상권을 개발하고 마케팅을 진행해 손님들을 끌어모으고 있기 때문이다.

스타벅스는 오피스와 지하철역, 대형 쇼핑몰 등 유동인구가 집결한 곳으로의 공략을 마쳤다. 이제는 1인 가구가 몰려 사는 원룸촌 인근으로까지 확장하고 있다. 최근에는 유동인구가 거의 없는 상권이라 할지라도 자동차를 이용해 접근하기 편한 곳에 집중해 DT 매장을 개발하고 있다.

스타벅스 건물주를 꿈꾸는 사람들 대부분은 서울 을지로, 강남 등 주요 상권 빌딩에 투자할 만큼 형편이 넉넉하지 않다. 결국 아직 고액 자산가가 진출하지 않은 틈새시장을 노릴 수밖에 없다. 따라서 스타벅스의 확장 전략은 스타벅스 유치를 바라는 사람에게 새로운 기회를 준 것이다.

누구에게나 열렸지만,
누구나 되진 않는 '입점 성공'

스타벅스는 몰려드는 입점 신청으로 몸살을 앓는다.
협상 대상자로 선정되려면 '정형화한 매장'을 제시해야 한다.
171만 7,800원을 들여 확보한
스타벅스 매장 등기부등본 2,454장을 분석해 공개한다.

스타벅스를 건물에 들이려면 스스로 나서야 한다. 임대인이 '이러이러한 조건으로 공간을 내어줄 테니 들어오려면 오라'고 스타벅스에 직접 신청해야 한다.

스타벅스 입점 신청은 스타벅스 홈페이지의 '신규 입점 제의 상담 신청'란에서 해야 한다. 그러면 스타벅스 점포개발팀이 심사를 거쳐 '입점 상담' 신청자를 추린다. 이후 협상을 거쳐 '입점'을 결정한다. 입점 신청은 언제든, 어디든, 누구에게나 열려 있다. 신청 자체만으로는 비용도 들지 않는다.

하지만 막상 해보려면 막막한 게 한둘이 아니다. 스타벅스는 매장

점포의 재원을 비교적 세세하게 원한다. 크게는 ①점포 구분, ②추천 점포 주소, ③면적, ④희망 임대 조건, ⑤기타 상세 사항을 스타벅스에 제시하라고 한다. ①점포 구분은 ⓐ일반(일반 건물에 입점 매장), ⓑ드라이브스루(차량을 이용한 주문 가능 매장), ⓒ토지(신축 단독매장)로 나뉜다. ③면적은 더 고차원적이다. ⓓ토지(땅), ⓔ전용면적(건물), ⓕ층(연면적)을 각각 요구한다. ④희망 임대 조건으로 ⓖ보증금, ⓗ임대료(정액), ⓘ수수료(정률), ⓙ관리비를 직접 제시해야 한다. 여기에 ⑤기타 상세란에서 '상권은 어떠한지' '임차료는 협의할 여지가 있는지' 등의 주관적인 조건도 붙는다.

임대인은 적어도 10가지 변수(ⓐ부터 ⓙ까지)를 갖고 스타벅스와 협상하는 셈이다. 여기에 기타 사항까지 따라붙는다. 사실, 세상에 기타만큼 무서운 게 없다. 앞서 소개한 10가지 변수가 객관식에 가깝다면, 기타는 서술형 주관식이다. 부동산업계에서는 '기타는 안 되는 걸 되게 하고, 되는 걸 안 되게 한다'고까지 말한다.

까짓거, 사실 임대 조건은 어떻게 정하든지 간에 임대인 마음이다. 그런데 건물을 보자니 '넓을수록 좋은지' '지하층은 안 되는지' '낡은 건물이라 깔보는지' 등 애매함이 꼬리를 문다. 임대료는 '얼마를 받아야 하는지' '서울·수도권·지방 임대료는 얼마나 차이 나는지' 따위도 알 수 없다. 지레 몸을 낮춰보지만, 이 정도면 너무 낮게 부른 건 아닌지 모르겠다. 분명히 스타벅스가 건물주인 내게 원하는 수준이 있을 텐데….

스타벅스 입점 신청란

'임대인 작사, 스타벅스 작곡'이
가능하려면?

실제로 관건은 임대인 맘이 아니다. 스타벅스가 받을 만한 조건을 맞추는 게 핵심이다. 스타벅스는 밀려드는 입점 신청으로 조직 전체가 몸살을 앓을 정도다. 수많은 입점 신청 가운데 '입점 상담'으로 이어지는 것만 해도 하늘의 별 따기다. 입점 상담이 모두 입점으로 성사하는 것도 아니다. 스타벅스 눈에 띄는 조건을 밀지 않으면 협상 기회조차 못 얻는다.

스타벅스가 원하는 조건은 복합적이라 막막하기 그지없다. 스타벅스가 예비 임대인에게 매장의 재원을 세세하게 요구하는 이유는 간명하다. 비용을 낭비하지 않으려는 것이다. 일차적으로는 자신들이 원하는 공간을 찾는 것이고, 부차적으로는 그렇지 않은 공간을 검토하는 수고를 들이지 않으려는 것이다.

이러한 스타벅스 매장 출점 공식은 시련을 겪은 끝에 정립한 생존 기법이다. 1999년부터 2021년까지 23년 동안 지점 1,899개를 열었고, 개중에 246개는 문을 닫았다. 폐점 비율은 열에 하나 이상(12.9%)이다. 날고 긴다는 스타벅스도 매장을 열어 유지하는 게 만만한 일은 아니라는 말이다. 거꾸로 말하면 현재 영업 중인 1,653개 점포는 스타벅스의 생존 노하우가 집약돼 있다. **(폐점 스토리는 5장에서 자세히 다룬다.)**

스타벅스는 이렇게 얻은 생존 기술을 고도화하는 출점 공식을 반복하고 있다. 공식을 널리 공유하면 임대인과 스타벅스 모두에게 도움이 된다. 그러나 현실은 그렇지 않다. 매장의 정보를 쥔 스타벅스(을)와 전문 부동산 개발사(제3자)가 임대인(갑)과의 협상에서 우위를 점한다. 갑을의 역전이다.

스타벅스 매장 정보가 쏠린 원인은 여러 가지일 것이다. 우선 스타벅스가 스스로 공표하려 하지 않는다. 정보는 자체로서 가치가 있고, 이 정보에 접근 가능한 제3자는 이걸 또 다른 3자에게 친절히 공유할 이유가 없다. 밥줄이 달렸기 때문이다. 이런 까닭에 여태 임대인은 비용을 치르고서라도 정보에 접근해야 했다. 비용을 치르고 성공하면 다행이지만, 실패해도 그 이유조차 모른다. 이게 문제다. 원인을 진단할 수 없으니 다시 도전하는 게 불가능에 가깝다.

누군가의 스타벅스에서
누구나의 스타벅스로!

어느 시장이든 비용이 끼면 건강할 수 없다. '비용은 대부분 또 다른 주체에 옮겨가 회복하려고 시도'하기 때문이다. 입점에 비용을 쓴 임대인은 임대료를 올려 손해를 만회하려 한다. 스타벅스는 오른 임대료를 감당하고자 상품 가격을 올리거나 원가를 떨어뜨릴 수밖에 없다. 결국 부담은 소비자에게 넘어간다. 정교한 계산은 아닐지라도 시장 생리가 이렇다.

정보 쏠림 현상은 현실적인 원인도 컸다. 정보 수요자는 대부분 임대인이라서 특정 소수의 이해를 대변한다. 굳이 해소하려는 노력이 광범위하게 이뤄지지 않았다. 아울러 정보를 수집하려는 노력은 그 자체로 번거롭고 어렵기도 하다. 그러나 외식 커피 시장 부동의 1위 라는 위상을 고려하면 정보는 널리 알려 공유할 만하다. 소비자 권익 이 달린 사안이다.

매장 정보 평준화는 스타벅스도 반길 일이다. 잠재적인 임대인 풀 (pool)이 늘어 실질적인 임대인이 증가하기 때문이다. 스타벅스의 매장 선택권이 커지는 것이다. 선택지는 많을수록 좋다. 단순히 보더라도 더 나은 조건을 제시하는 임대인이 나타날지 모르잖은가.

등기사항전부증명서 2,454장으로 그린
스타벅스 초상화

우리는 수고스러움을 자처하고 불필요한 비용을 걷어내기로 했다. 문제는 방법론이다. 정보는 모름지기 최대한 정확하고 객관적이어야 한다. 2가지 조건을 충족할 방법은 신뢰할 만한 문서를 바탕으로 정 보를 수집 및 가공하는 것이다. 그래서 전국 스타벅스 매장 등기사항 전부증명서를 전수조사하는 방법론을 택했다. 대상은 영업 중인 매장 1,653곳의 건물(토지는 제외)이다. 크게는 임대 건물의 1)면적 2)보증금 3)월세 4)기간 5)특약을 확인했다.

면적은 층까지 파악해 연면적으로 구했다. 전세권이나 임차권이 설정된 범위만 한정해서 면적을 파악했다. 사실상 영업 면적을 구할 수 있더라도 등기사항전부증명서에서 확인하지 못하면 더하지 않았다. 표본을 늘리기보다 정확도를 끌어올리기 위해서다. 임대료는 전세권과 임차권에 더해 근저당권으로 설정된 액수를 파악했다. 임차권을 통해 임대료의 정액과 정률 규모를 확인했다.

신세계그룹 계열(이마트·신세계백화점·스타필드 등)을 포함해 특정 법인이 끼고 있는 매장은 뺐다. 전략적 출점이라서 일반화하기 어렵고, 등기사항전부증명서에서 권리를 확인하기 곤란했다.

이런 기준을 잡고 2022년 2월 14일부터 4월 26일까지 등기사항전부증명서 2,454장을 뗐다. 열람용 1장이 700원이니, 이 작업에 171만 7,800원을 들였다. 정보 불균형 탓에 발생한 비용을 걷어내고자 감수한 비용이었다. 기간을 정확하게 명시한 이유는 이후 권리가 바뀌었을 가능성이 있기 때문이다. 소유권이 변경되었을 여지는 있지만 면적과 임대료에 미친 영향은 적을 것이다.

이로써 기준에 부합하는 매장 1,346곳을 추렸다. 전체 영업매장(1,653곳)의 81.4%에 해당한다. 이 정도(열에 여덟)면 부분으로 전체를 파악하기에 부족함이 없는 수준이다. 이를 바탕으로 삼아 각론으로 들어가 '가장 평균'의 스타벅스를 그리기로 한다.

20년 새 2배 커진
스타벅스에 주목할 때!

매장은 과거보다 지금이 확연하게 커질 것이고,
추세대로면 앞으로도 그럴 것이다.
DT가 대세로 자리 잡고 있다는 것을 의미한다.
층수로 보면 1층보다 2층이 낫다.

스타벅스 매장 면적은 시공간에 따라 외형이 다르다. 앞에서는
지역(공간)별로 살펴본 데 이어, 여기서는 시기별로 매장 크기를 짚어
본다.

시기는 크게 3가지로 구분한다. 첫째는 '연도' 기준이다. 2000년
부터 2021년까지 21개년 동안 매해 출점한 매장을 표본으로 삼았다.
1호점이 문을 연 시기는 1999년이지만 등기부에서 면적을 확인할 수
없기에, 시작 시기를 2000년으로 잡았다.

연도별 구분은 가장 객관적인 구분이지만 한계도 있다. 매장 수가
쏠리기 때문이다.

스타벅스 매장 출점은 사업 초반보다 후반으로 갈수록 많다. 2000년대보다 2010년대가, 2010년대 가운데도 후반으로 갈수록 출점이 많다. 매장 표본을 연도별로 보면 2000~2004년 5개년도는 10개 미만, 2005~2012년 8개년도는 100개 미만이다. 2013년 들어 연간 표본이 100개를 초과했다.

그래서 이러한 표본의 쏠림을 해소하기 위해 '등분'으로 두 번째 구분을 시도했다. 표본 1,346개를 10개로 나눴다. 각각을 135개씩 구분하고 나니 10번째 마지막 몫은 대상이 131개로 4개가 미달했다. 하지만 이 정도 불균형은 균등하게 매장을 나누는 데 지장을 초래할 정도는 아니다.

세 번째 구분은 '100개'씩 끊어가기다. 이 접근은 연도와 등분보다 무작위위라서 더 객관적이면서도, 구분이 늘어서 세밀한 접근이 가능하다. 매장 100개는 경향을 짚어낼 최소한의 범위로 설정했다. 1,346개 매장을 100개씩 구분하니 14개 집단으로 나뉘었고, 마지막 집단은 대상이 46개라서 앞서 13개 집단과 비교해 매장이 54개 적다. 무작위 접근을 위해 불균등을 감수했다.

이렇게 1)연도 2)등분 3)100개마다 구분에 묶인 표본을 대상으로 면적 평균과 중간값을 구했다. 예컨대 2021년은 그 해 출점한 매장 표본 114개만 대상으로, 10번째 등분은 해당 표본 131개만 대상으로, 100개 구분 10번째는 100개 매장(901~1,000번째 출점한 매장)만 대상으로 각각 추출한 것이다.

시간이 흐를수록
넓어지는 매장 면적

각기 다른 3가지 접근으로 얻은 결론은 명료했다. '시간이 흐를수록 매장 크기가 커진다'는 점이다. 연도든, 등분이든, 100개든 간에 면적을 시계열로 늘어뜨리면 그래프는 '우상향'했다.

앞서 구분을 세 갈래로 달리한 이유는 '다양한 접근'을 시도하기 위해서였다. 각각의 접근이 갖는 한계를 보완하고 다수의 결과를 비교하려는 것이다. 이로써 스타벅스 이해 당사자가 의사결정 과정에서 여러 경우의 수를 고려하도록 제시하려는 차원이다. 기준이 다른 3가지 구분으로 공통된 결론에 이른 것은 큰 성과다.

구체적으로 연도와 등분, 100개로 나눈 스타벅스의 매장이 얼마큼 커지는지 짚어보자. 연도로 짚은 매장 면적은 2021년(매장 114개)이 2001년(매장 1개)보다 평균 198.4m²에서 391.09m²로 97.12%, 중간값은 198.4m²에서 407.63m²로 105.4% 각각 증가했다. 표본을 두 자릿수로 확보한 2005년(매장 11개)과 비교하면 2021년 매장 면적은 평균 165.6%, 중간값이 175.8% 각각 늘었다. 쉽게 말해 매장 크기는 지난해까지 20년 전과 비교해 2배 넓어졌고, 15년 전보다 2.5배 넓어졌음을 의미한다. 그런데 매장이 1개뿐이거나 갓 두 자릿수를 기록한 시절과 비교해 결과를 일반화하기에는 무리가 있다. 이런 이유에서 2010년대 매장 면적은 매해 심한 변동성을 보였다.

10개 등분 구분으로 보면 연도에서 발생한 변동성을 줄일 수 있다.

스타벅스는 처음 135개를 내기까지 매장 면적이 평균 239.47m², 중간값 218.62m²였다. 이렇게 9번을 반복하고 10번째 출점한 131개는 면적이 평균(396.02m²) 1.5배 이상(65.3%), 중간값(411.02m²)은 2배 가까이 (88%) 증가했다.

100개 접근으로 세밀하게 끊어보면 흐름을 더 명확히 감지할 수 있다. 스타벅스가 처음 100개 매장을 내는 동안 면적은 평균 231.83m², 중간값 208.56m²였다. 그런데 이렇게 13번씩 총 1,300개 매장을 출점하고서 최근 46개 매장을 낸 걸 종합해보니, 면적은 평균 392.99m²이고 중간값이 412.32m²였다. 14번을 끊어오는 동안 매장 면적은 평균 69.5%, 중간값이 97.6%로 각각 커졌다.

면적이 넓어진 이유는 DT 매장이 늘어난 결과로 해석할 수 있다. DT 매장은 일반 매장보다 면적이 더 넓다.

고객은 1층보다 2층을 선호한다?

끝으로 살펴볼 변수는 층이다. 전국 1,346개 매장의 평균 층수는 1.65층이다. 층수를 중간값으로 집계하지 않은 이유는 범위가 좁은 까닭이다. 층의 범위는 최저 1개 층에서 최고 7개 층이다. 중간값을 추출하지 않고 평균으로 갈음해도 무방한 규모다. 평균 층수 1.65층은 1층보다 2층 이상이 많다는 걸 의미하는데, 여기에 더 의미를 부여하면 1층보다 2층을 선호한다는 뜻이다. 2층 이상이 대세가 아니라는 것은 분명한데, 이것이 시기와 지역에 따라 어떤 추세를 띠는지 따져볼 차례다.

'시기'로는 층에서 일정 경향을 확인하기 어려웠다. 연도, 등분, 100개 구분, 어느 것도 층이 하락하거나 상승하거나 하는 추세를 보이지 않았다. 연도 구분에서 2001년(2.11층)과 2002년(2.25층)에 2층을 넘었지만 표본이 각각 9개와 8개뿐이라서 일반화하지 않겠다. 등분과 100개는 대부분 평균 1.5층 이상에서 편안한 흐름을 보였다.

지역별로 보면 층수는 차이가 컸다. 전국에서 평균 층수가 제일 높은 곳은 강원도로 2.1층이다. 전남(2.08층)과 전북(2.0층)이 뒤이어서 평균 층수 2층 이상을 기록했다. 대구(1.98층)와 제주(1.95층)도 사실상 2층짜리 매장이 전부였다. 층수가 가장 낮은 곳은 세종(1.25층)이다. 그 뒤를 대전(1.40층)과 서울(1.51층)이 뒤따라 저층 상위군을 형성했다. 층수가 가장 높은 강원도와 가장 낮은 세종의 차이는 사실상 1개 층(0.85층)이나 돼 컸다.

이로써 층수는 시기가 아니라 지역에 좌우된다는 흐름을 짚어낼 수 있었다.

여기에 영향을 미친 유력한 변수는 임대료인 것으로 분석된다. 전국 및 시기별 임대료는 3장을 참고하면 된다.

마음의 중심이 필요하신가요?
메이트북스의 고전을 읽으면
인생의 돌파구가 보입니다!

메이트북스
클 래 식

쇼펜하우어가 극찬한 인생 지침서!
유럽 최고의 대가가 전하는 삶의 지혜

발타자르 그라시안 지음 | 값 15,000원

좋은 사람인 척 아둔하게 살아간다고 해서 행복해지는 게 아니라 세상의 본질을 알고 지혜를 갖출 때 내 삶은 비로소 행복해진다는 것을 발타자르 그라시안은 이 책에서 설파하고 있다. 이 책은 대철학자의 인생에 대한 뛰어난 통찰력과 인간관계의 본질에 대한 직설적인 조언을 담은 인생지침서다. 이 책에서 만날 수 있는 현명하고 솔직한 직언으로 자기 자신의 모습을 되돌아보면서 삶을 살아갈 힘을 얻어보자.

[온라인 서점 독자 서평]
• 부지런히 읽고 인생에 대한 교훈을 받으며 그 지혜를 활용하면 좋겠다.
• 그라시안의 지혜를 빌려 오늘보다는 조금 더 나은 내일을 희망해본다.
• 혼란스럽고 어지러운 요즘, 그의 철학적 사상은 더욱 빛을 발한다.

독자의 꿈을 사랑하는
메이트북스의 책을 읽으면
삶이 보다 풍요로워집니다!

메이트북스
베스트셀러

지속가능, 실천가능한 사교육 줄이는 방법
"떠밀리듯 시키는 사교육은 이제 그만!"

정승익 지음 | 값 17,000원

이 책은 사교육비의 딜레마에서 벗어나기 위한 명쾌한 해결책을 제시한다. 정승익 선생님은 10만 구독자를 거느린 유튜브 채널을 통해 거의 매일 우리 교육의 안타까운 현실에 대해 이야기한다. 사교육의 병폐를 알면서도 불안감 때문에 사교육에서 벗어나지 못하는 부모들에게 구체적인 지침들을 제시한다. 불안감과 막막함에 무작정 사교육을 시키기 전에 부모와 자녀가 할 수 있는 것들을 알려주는 책이다.

[온라인 서점 독자 서평]

• 교육철학을 재정립하고 확고히 하는 데 큰 도움을 준 책!
• 남들 다해서 하는 사교육이 아닌 스스로 하는 진짜 공부에 대한 이야기를 들려주는 책!
• 아이 교육을 위해 이게 맞을까? 의구심이나 고민이 들 때 읽어보면 좋은 책입니다.

스타벅스 평균 키와 몸무게는 어느 정도일까?

스타벅스는 튀는 걸 꺼린다.
정형화된 매장을 반복해서 출점하고,
'최소 공간'을 찾아 '최대 이익'을 추구한다.
스타벅스의 취향을 알면 구미가 당기는 제안을 할 수 있다.

스타벅스 매장을 유치하는 일을 옷을 입는 데 비유해보자. 옷을 사려면 사이즈부터 재는 게 순서다. 스타벅스는 파격을 싫어한다. 압도적인 규모(화명강변DT점·2,870.37㎡·지하포함 7개 층)를 뽐내거나 편의점 크기(연합뉴스점·53.35㎡·1개 층)로 빈틈을 공략하곤 하지만 어디까지나 예외적이다. 배기량이 큰 차를 타면 연비가 나빠 효율이 떨어진다. 너무 작으면 안정적이지 못해 효용이 달린다. 적당한 체급을 정해야 오래, 멀리 간다는 걸 스타벅스는 잘 안다. 그래서 정형화된 매장을 반복 출점해 '최소한의 공간에서 최대한 결과를 내는 방식'에 집중한다. 그래서 스타벅스의 키(층수)와 몸무게(면적)를 파악하는 게 중요하다.

1.65층에 들어선
333.69m² 공간

앞선 분류 작업으로 선별한 매장 1,346곳으로 구한 전국 스타벅스의 평균 키는 1.65층, 몸무게에 해당하는 평균 면적은 333.69m²다. 333.6m²(약 100.6평)는 농구장(28mX15m=420m²)보다 좁지만 테니스장(10.97mX23.77m =260.75m²·복식 기준)보다 넓은 정도다.

주변 매장을 찾아가면 막연함을 해소할 수 있다. 경기 성남시에 있는 수내로점(333m²·1개층)은 이 숫자에 적확하게 들어맞는 매장이다. 부산 부산진구에 있는 부산서면점(334.15m²·1개층)과 충북 청주시에 있는 청주복대지웰점(332.6m²·1개층)도 비슷하다.

부산서면점

성남 수내로점

청주복대지웰점

전국 광역시도 매장 수와 면적

	매장 수	합계	최고	최저	최고-최저	평균	중간값
전북	27	11,114.29	595.64	256.37	339.27	411.64	427.63
제주	19	7,485.52	967.05	167.39	799.66	393.97	388.28
강원	20	8,140.11	736.23	88.48	647.75	407.01	383.46
광주	57	21,124.19	573.5	135.66	437.84	370.6	378.33
울산	24	9,885.34	1,096.48	155	941.48	411.89	377.38
전남	24	9,476.8	661.75	223.15	438.6	394.87	368.59
충남	30	10,360.43	807.45	86.4	721.05	345.35	353.1
경남	51	19,179.36	676.77	194.7	482.07	376.07	351.76
대구	61	21,586.17	860.16	174	686.16	353.87	346.91
충북	23	7,428.93	542.17	157.9	384.27	323	340.27
인천	51	16,920.31	670.75	158.67	512.08	331.77	332.87
부산	107	38,654.52	2,870.37	118.8	2,751.57	361.26	326.72
경북	38	12,068.85	538.06	151.87	386.19	317.6	325.84
경기	297	99,335.56	1,319.93	89.91	1,230.02	334.46	317.96
대전	50	14,541.08	559.99	86.28	473.71	290.82	290.08
서울	459	139,703.4	1,650.73	46.44	1,604.29	304.36	277.67
세종	8	2,142.67	424.02	189.53	234.49	267.83	237.39
전체	1,347	449,147.5	2,870.37	46.44	2,823.93	333.69	315.7

정렬: 중간값 기준으로 내림차순 단위: 개, m²

김천시청DT점   부산 자갈치역점

강릉안목항점   속초DT점

매장은 이차원(층 면적)이 아니라 삼차원(층 면적을 더한 연면적)으로 그려봐야 한다. 평균(1.65층)에 가까운 2층 매장을 찾아보면 경북 김천시에 있는 김천시청DT점(333.63m²·2개층)이 스타벅스를 대표하는 얼굴이다. 부산 중구에 있는 자갈치역점(334m²·2개층), 강원 강릉시에 있는 강릉안목항점(333.56m²·2개층)과 속초에 있는 속초DT점(333.21m²·2개층)도 그렇다.

이렇게 따져본 전국 스타벅스 매장 크기 중간값은 315.7m²(약 95.6평)다. 중간값은 숫자를 크기 순서로 나열해 가운데 위치한 값이다. 숫자

수서역R점

평내호평역점

경남대점

서초역이화빌딩점

가 짝수이면 가운데 둘을 더해 구한 평균이 중간값이다. 이렇게 구한 스타벅스 매장 면적 중간값은 평균(333.69m²)보다 약간(17.99m²) 좁다. 서울 강남구에 있는 수서역R점(315.7m²·1개층)은 중간값에 오차 없이 들어맞는 매장이다. 평내호평역점(315.52m²·1개층)도 표준이었다. 2층짜리 매장으로는 경남대점(315.78m²)과 서초역이화빌딩점(315m²)이 해당했다.

여기서 잠시, 숫자의 대푯값은 평균과 중간값을 함께 견줘야 한다. 숫자를 평균으로만 파악하면 현명한 의사결정을 내리기 어렵다. 우

화명강변DT점   연합뉴스점

리는 일상에서도 평균의 함정을 체감할 수 있다. 예컨대 일부 고연봉 임원이나 프로 스포츠 선수가 각각 회사와 팀의 평균 연봉을 끌어올리지만 일반인의 현실과는 차이가 많이 나는 것과 비슷하다. 예를 들어 한국거래소가 코스피 실적을 발표할 때 삼성전자를 제외한 숫자를 따로 집계하는 것도 마찬가지다. 삼성전자가 전체 평균을 끌어올리기 때문이다.

평균의 착시를 실제로 적용해보면, 최대 매장인 화명강변DT점(2,870.37m²)과 최소 매장인 연합뉴스점(53.35m²), 그리고 평균 매장 김천시청DT점(333.63m²) 등 매장 3개의 평균 면적은 1,085.78m²이다. 여기에 근접한 곳은 울산 중구에 있는 울산국가정원점(1,096.48m²)이다. 전국에서 다섯 번째로 큰 이 매장을 스타벅스 평균 매장으로 알면 좌절할 수 있다. 이만한 공간을 확보하는 게 쉽지는 않기 때문이다. 이럴 땐 3개 매장을 순서대로 늘여두고 김천시청DT점을 대푯값으로 보는 편이 낫다.

전국에서 매장이 가장 좁은 지역은
'서울 구로구'

면적을 나누는 또 다른 변수는 위치다. (상대적인 경계인 상권이 아니라) 물리적으로 구획한 행정구역을 전국 17개 광역시도별로 나누고, 다시 세세하게 시군구별로 따졌다. 경기는 평균(334.46m²)과 중간값(317.96m²) 면적이 전국 수준에 거의 일치하는 지역이다. 평균 면적이 가장 넓은 지역은 울산(411.88m²·24개 매장)이고, 가장 좁은 지역은 세종(267.83m²·8개 매장)이다. 세종은 울산과 비교해 매장 크기가 65%에 불과했다. 평균 이상 지역은 울산을 포함해 11곳, 이하 지역은 세종까지 해서 6곳이다. 중간값 면적이 가장 넓은 지역은 전북(427.63m²·27개 매장), 좁은 지역은 세종(237.39m²·8개 매장)이다. 세종은 전북과 비교해 매장 크기가 62%밖에 안 됐다. 중간값 이상 지역은 전북을 포함해 14곳, 이하 지역은 세종까지 3곳이었다.

평균과 중간값 모두가 평균보다 좁은 지역은 세종과 대전(50개 매장), 서울(459개 매장)이었다. 세종은 매장 수가 8곳이라서 일반화하기 어렵지만 대전과 서울은 상대적으로 높은 임대료 때문으로 분석된다(임대료 관련해 132쪽의 '어디가 제일 비싸고, 어디가 가장 싼가?' 참고).

시군구로 좁히면 동네별 맞춤 공략이 가능하다. 매장이 5개 이상인 시군구 95개를 표본으로 삼아 접근을 시도했다. 매장 5개 미만의 시군구는 결과를 왜곡할 수 있어 제외했다. 매장이 2개인 경기 양평군이 그 사례다.

전국 시군구 매장 수와 매장 면적

	광역시도	시군구	매장 수	평균	중간
면적 상위 10개 지역	전북	군산시	5	403.99	467.84
	광주	동구	10	410.27	462.99
	경기	광주시	6	422.88	425.16
	제주	제주시	12	432.37	414.72
	울산	남구	13	435.92	414.4
	강원	원주시	5	375.12	405.32
	전북	전주시	18	399.96	404.83
	강원	춘천시	6	444.38	400.02
	전남	여수시	8	410.85	394.33
	부산	금정구	8	409.84	393.53
면적 하위 10개 지역	서울	구로구	8	194.12	177.59
	서울	금천구	8	235.41	178.65
	서울	중랑구	7	294.27	230
	경기	안산시	8	230.72	235.7
	세종	세종	8	267.83	237.39
	서울	마포구	28	295.3	237.9
	서울	강북구	6	254.91	245.02
	경기	성남시	36	274.9	245.98
	부산	수영구	7	272.97	247.19
	대전	서구	21	278.68	248

정렬: 중간값 내림차순 대상: 매장 5개 이상 / 단위: 개, m²

이 지역 매장 면적 평균과 중간값은 각각 840.35m²다. 앞서 짚었던 '일반적'인 스타벅스 매장 면적을 크게 웃돈다. 전국에서 4번째 크기의 더양평DTR점(1,319.93m²)이 위치했기에 숫자가 커진 것이다.

시군구 가운데 전국 평균과 가장 유사한 곳은 서울 노원구(337.09m²·9개 매장)와 전남 순천시(330.26m²·5개 매장)다. 매장 수 10개 이상인 곳으로 확대해보면 대구 달서구(341.11m²·16개 매장)와 서울 성동구(327.08m²·10개 매장)다. 중간값 면적에 가까운 지역은 경기 남양주시(313.82m²·14개 매장)와 인천 남동구(319.01m²·10개 매장)다. 면적이 가장 넓은 시군구는 평균 기준으로 강원도 춘천시(444.38m²·6개 매장), 중간값 기준으로는 전북 군산시(467.84m²·5개 매장)다. 매장 10개 이상으로 확대하면 울산 남구(435.92m²·13개 매장)가 평균에서, 광주 동구(462.99m²·10개 매장)가 중간값에서 각각 최대였다.

면적이 가장 좁은 시군구는 서울 구로구(8개 매장)로, 평균(194.12m²)으로 보나 중간값(177.59m²)으로 보나 모두 해당했다. 이런 맥락의 연장에서 서울 24개 구(매장 2개인 도봉구는 제외) 매장 면적은 평균과 중간값 각각이 전국보다 좁은 편이다. 서울에서 매장을 넓게 이용하기가 여의찮다는 의미다.

이로써 스타벅스 매장은 특별·광역시가 도(道)보다, 구(區)가 시군(市郡)보다 면적이 좁은 걸 짚어냈다. 막연하게 '그럴 것'이라고 짐작은 했겠으나, 실제로 '그렇다'고 확인한 것은 의사결정 과정에 영향을 줄 수 있다.

전국의 스타벅스로
아파트를 지으면?

전국 스타벅스 매장 면적을 합산하면
남이섬을 채우고, 롯데월드타워를 짓는다.
아파트로 지으면 60평짜리 28개 동을 지어
2,240세대가 거주하는 대단지로 탄생한다.

투자에 성공하려면 대상을 잘 분석해야 한다. 정확하게 현재 가치를 파악해야 미래 가치를 가늠할 수 있다. 그런 후에 비로소 투자하거나 이미 가진 것을 더 보유하거나, 투자하지 않거나 이미 가진 것을 처분하기도 하는 것이다. 투자 대상이 주식이든 부동산이든 비슷하다.

분석의 첫걸음은 용어를 정확하게 이해하는 것이다. 대지면적, 연면적, 용적률, 건폐율은 부동산을 분석하는 데 가장 기초적인 개념이다. 스타벅스 면적을 조사하면서 얻은 숫자를 실생활에 접목해 이 개념을 쉽게 풀어보고자 한다.

건국대에 빠지는
스타벅스

2,262개 층에 들어선 44만 9,147.4893m², 스타벅스 전국 매장 1,653개 가운데 등기부로 면적을 확인한 1,347개의 층수와 면적의 총합이다(나머지 306개 매장을 단순히 1층으로만 환산해도 층수는 2,568개 층으로까지 높아지지만 여기서는 제외했다).

스타벅스 넓이의 대학교 부지

학교명	지역	교지 면적(m²)
중부대학교	충남	417,111
고려대학교(세종 분교)	세종	426,769
서울시립대학교	서울	434,004
단국대학교	경기	436,517
한국기술교육대학교	충남	445,881
건국대학교	서울	456,392
신안산대학교	경기	459,804
목원대학교	대전	461,059
아주대학교	경기	466,064
백석대학교	충남	470,817
동국대학교분교(경주)	경북	480,614

자료: 한국사학진흥재단, 기준 연도 2021년

먼저 여기서 면적만 떼어서 전국의 대학교 캠퍼스 면적(교지 기준)에 빗대어본다. 면적 약 45만m²는 한국기술교육대학교(충남 천안시·44만 5881m²)와 규모가 거의 흡사하다. 서울로 치면 건국대학교(자양구·45만 6,392m²)와 서울시립대학교(동대문구·43만 4,004m²)가 비슷하다. 경기 단국대학교(용인시·43만 6,517m²)와 신안산대학교(안산시·45만 9,804m²), 아주대학교(수원시·46만 6,064m²)도 근사하다. 국토 일부로 보자면, 강원도 춘천시에 있는 남이섬(약 46만m²)과 맞먹는다.

이런 식으로 비유하면 대지면적 개념을 이해할 수 있다. 대지면적은 말 그대로 대상 부지의 '평면' 넓이다. 앞서 대상으로 꼽은 대학 캠퍼스도 교지(敎地)를 기준으로 한다. 예컨대 스타벅스 매장 1,347개를 1개 층으로 환산해 수평으로 배치하면 한국기술교육대학교를 꽉 채운다는 의미다. 남이섬도 마찬가지다. 즉 대지면적은 건물을 지을 수 있는 땅의 절대적인 규모다.

그러나 대지면적 전체에 건물을 지을 수는 없다. 일부는 공터로 두도록 법으로 강제한다.

여기서 등장하는 개념이 '건폐율'이다. 건폐율은 대지면적에서 건축면적이 차지하는 비중이다. 산술식으로 하면 '건축면적/대지면적×100%=건폐율'이다. 예를 들어 대지면적 100m²에 건축면적 50m²의 건물을 올리면 건폐율(50m²/100m²×100%)은 50%다. 그런데 어떤 지역은 대지면적 대부분에 건물을 올리지만, 어떤 지역은 상당 부분에 건물을 올리지 못한다. '한정된 국토'를 '적절히 활용'하고자 '법으로 제한'하기 때문이다. 지역마다 그리고 지구마다 다르다. 주거지역은 최대 70%까지, 상업지역은 최대 90%까지만 건폐율을 인정한다. '국토의 계획 및 이용에 관한 법률(국토계획법)'이 근거다.

남이섬보다 좁지만
실제로 더 넓은 롯데월드타워

건폐율로 대지면적에 여유 공간을 남기는 이유는 여러 가지다. 만약 100m² 부지에 건물을 100m²로 지으면 통행이 어렵다. 이런 건물로 주거지와 도심을 채운다고 생각해보라. 건물이 서로를 가려 실내에 햇빛이 들지 않아 대낮에도 불을 켜고 살아야 한다. 나무를 심을 공간조차 없어 그늘에서 한여름 뙤약볕을 피할 수도 없다. 그래서 건폐율이 낮을수록 주변 환경이 쾌적하다.

정부 대전청사와 과천청사를 예로 들어보자. 대지면적을 보면 대전청사(51만 8,338m²)는 스타벅스 매장을 담고도 남고, 과천청사(36만 9,991m²)도 엔간히는 수용할 수 있다. 그러나 건물면적(연면적 포함)을 보면 정부 대전청사(24만 2,701m²)와 과천청사(15만 8,174m²)를 합쳐도 스타벅스 매장을 감당할 수 없다. 대전청사 건폐율은 5.1%*에 불과하고, 과천청사도 사정은 비슷하다.

정부 대전청사와 과천청사가 스타벅스를 감당하지 못하는 이유는 단순히 건폐율이 낮아서만은 아니다. 비록 건물을 지을 부지가 좁더

....

* 건축공간연구원 자료 참고

주요 부동산 제원

지명 및 건물명	지역	면적(m²)	기준
남이섬	강원	460,000	대지 면적
정부 대전청사	대전	518,338	대지 면적
		242,701	연면적
롯데월드타워·월드몰	서울	36,471	건축면적
		87,182	대지면적
		805,872	연면적
잠실주공아파트	서울	451,776	연면적
헬리오시티	서울	346,570	대지면적

자료: 한국민족문화대백과사전, 서울부동산정보광장

라도, 높게 지으면 된다. 그러나 그러지 못한 게 아닌가. 이 대목에서 알아야 할 개념이 '용적률'이다.

용적률은 대지면적에서 연면적(건물 바닥면적의 합)이 차지하는 비중이다. 산술식으로 하면 '연면적/대지면적×100%=용적률'이다. 연면적은 수직 개념이다. 예컨대 4층짜리 건물 각 층의 면적이 50m²면 연면적은 200m²다. 이 건물을 대지면적 100m² 부지에 지었다면, 용적률은 200%(200m²/100m²X100%)가 된다. 대전청사 용적률은 30.2%에 불과하다. 용적률을 제한하는 이유도 건폐율 도입 취지와 비슷하다.

실제로 롯데월드타워·월드몰(서울 송파구)에 견줘보면 용적률이 건폐율만큼 중요한 이유가 보인다. 이 건축물의 대지면적(8만 7,182m²)과 건축면적(3만 6,471m²)으로 각각 스타벅스를 담아내려면 약 5.1배와 12.3

배 많은 부지를 확보해야 한다.

그러나 연면적(80만 5,872m²)을 동원하면 전국의 스타벅스 매장을 1.8배 가까이 소화할 수 있다. 건폐율은 41.8%에 불과하지만 용적률이 573%여서 가능한 것이다.

건물 헐리면 남는 건 땅, 대지지분이 중요한 이유

부동산 투자에서 대지면적[**]과 건폐율, 용적률이 중요한 이유는 '대지지분' 때문이다. 집합건물(아파트나 상가)[***]에 사는 소유자는 건물만 소유하는 게 아니라, 건물이 올라간 땅(대지지분)도 소유한다. 각각 세대가 소유한 대지지분은 등기사항전부증명서에 나온 대지권 비율을 전체 대지면적에 대입해서 구한다.

통상 건폐율과 용적률이 높으면 대지지분이 적다. 대지면적을 나눌 주체가 늘어나기 때문이다. 건폐율와 용적률이 아주 낮으면 대지권 비율이 전유면적을 초과하기도 한다. 실제로 사는 건물 공간보다, 소유한 땅 면적이 더 넓을 수 있다는 의미다.

....

[**] 등기사항전부증명서상 '대지권의 목적인 토지의 표시'에 기재된 것을 말한다.
[***] 한 동의 건물 중 구조상 구분된 여러 개의 부분이 독립 건물로서 사용될 수 있어 그 각 부분을 소유권의 목적으로 할 수 있는 건물을 의미한다.

부동산 용어개념 정리

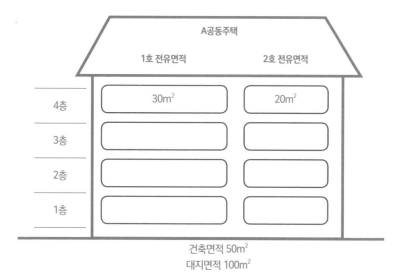

A공동주택 제원		
종류	크기	산술식
대지면적	100m²	면적 자체
건축면적	50m²	면적 자체
연면적	200m²	건축면적*층수
건폐율	50%	건축면적/대지면적*100%
용적률	200%	연면적/대지면적*100%
1호 대지지분	15m²	토지면적*대지권 비율
2호 대지지분	10m²	토지면적*대지권 비율

재건축·재개발이 이뤄지면 건물은 가치를 잃는다. 전부 헐기 때문이다. 그리고 땅이 남는다. 그래서 대지면적이 넓을수록 자산평가액이 늘어난다. 통상 건폐율과 용적률이 높은 오피스텔은 수익형으로, 낮은 빌라는 시세차익형으로 인식하는 것은 이런 이유에서다.

개념을 총정리하는 차원에서 가상의 스타벅스 아파트를 지어본다. 면적을 대지면적으로 활용하면 서울 헬리오시티(송파구·34만 6,570m²)와 아크로리버파크(서초구·6만 8,841m²)와 아크로리버뷰(서초구·2만 4,558m²)를 짓고도 남는다.

면적을 연면적으로 쓰면 잠실주공아파트(서울 송파구·45만 1,776m²)처럼 31동에 3,930세대가 사는 주거공간을 만들 수 있다. 면적(44만 9,147.4893m²)을 층수(2,262개 층)로 단순 환산하면, 각 세대당 약 198m²(60평) 면적으로 28개 동(1개 동을 20층에 80세대로 가정) 규모가 된다.

국정원 뺨치는
스타벅스 점포개발팀

스타벅스 점포개발팀은 매장 개발 권한을 갖고 있기에
갖가지 로비의 대상이다.
괜히 군말이 나올까봐 외부인과는 식사조차 함부로 하지 않는다.
말 그대로 음지에서 일하고 양지를 지향한다.

스타벅스 점포개발팀은 암막에 둘러싸인 조직이다. 비유하자면,
'음지에서 일하고 양지를 지향'하는 정보기관 못지않다. 회사조차 이
조직과 조직원 이야기를 대외적으로 언급하기를 꺼린다. 그래서 공개
석상에서 이들을 마주하는 것은 하늘의 별 따기와 같다. 점포개발팀
이 가진 막강한 권한 때문이다.

이들은 스타벅스 매장을 어디에 그리고 언제 넣지를 결정하는 위
치에 있다. 노출되면 전국 모든 임대인의 타깃이 될 수밖에 없다. 주
변의 요청과 임대인의 구애가 끊이지 않아 업무가 마비될 수도 있다.
하물며 스타벅스 직원조차 누구나 한 번쯤은 이런 요청을 받아본다

고 한다. '우리 건물에 스타벅스 매장이 들어올 수 있는지 물어봐달라.' 그러니 점포개발팀이라면 오죽할까.

밀려드는 요청과 구애보다 더 무서운 것은 군말이다. 누군가에게 하는 요청이 다른 누군가에게는 청탁으로 비칠 수 있다. 그래서 점포개발팀은 업무상 부담을 줄이는 동시에 공정성을 유지하고자 아예 외부 접촉을 피한다. 정보기관 요원에게는 얼굴이 생명인 것과 비슷하다. 신분이 노출되면 제대로 정보를 수집하기가 쉽지 않다.

'밥은 먹지 않되, 먹으면 반드시 산다'

그래서 나온 원칙이 '업무 상대방과 업무 외적으로 만나지 않는다'는 것이라고 한다. 식사 금지가 대표적이다. 계약 타진 중이라면 말할 나위 없고, 계약을 마무리하고 으레 받는 식사 요청조차 거부한다고 한다. 그런데 사실 식사는 업무의 연장이 되기도 한다. 그래서 모든 식사 자리를 피하는 것은 불가능하다. 불가피하게 마주 앉아 밥을 먹을 일이 생기면 '반드시 계산'하는 것이 부칙이다. 차를 마시면 찻값을, 커피를 마시면 커피 값을 꼭 낸다.

이런 원칙과 부칙이 근로계약서나 취업 규칙에 명시된 것은 아니다. 어디까지 스스로 몸을 사리려는 차원이다. 처음에는 유난을 떠는 것처럼 비쳐 꼴불견으로 보는 이들이 없었던 것도 아니다. 그래도 외려 이런 시선을 받는 게 오해를 사는 것보다 낫다. 하도 그러다 보니 이제는 그러려니 하는 시선도 있다고 한다.

　사회 분위기도 변한 게 사실이다. 주고받는 게 미풍양속이던 시절에서, 이제는 안 주고 안 받는 게 서로 편한 시대다. 비단 스타벅스 점포개발팀만 유난히 이러는 게 아니다. 유통업계만 하더라도 구매 직원(엠디 혹은 바이어로 칭함)이 밖에서 대접받고 다니는 시절은 저문 지가 오래라고 입을 모은다. 회사 직원이 거래 상대방으로부터 이익 제공을 대가로 금품과 향응을 받으면 형사처벌로 이어지기도 한다.

　실제로 한 임대인이 겪었던 사례를 접해보니, 점포개발팀의 '오해결벽증'이 얼마나 심한지 가늠할 만하다. 임대인과 중개인 그리고 점포개발팀 직원이 사실상 입점을 앞둔 상황에서 끄트머리 면담을 하는 자리였다고 한다. 중개인은 자신이 마치 불가능한 계약을 가능하게 성사한 투로 역할을 강조하더란다. 스스로 공치사를 하는 것으로 보아 중개수수료 이외의 추가 대가를 요구하는 눈치였다. 마치 스타벅스를 구워삶아 안 될 계약을 되게 만든 것마냥 굴었다. 점포개발팀 직원은 그런 사실을 단호하게 거절하고 자리를 떠났다고 한다. 나중에 이 계약이 이뤄졌는지는 비밀에 부치기로 한다.

비리 고발한 투서를
조사해보니 '칭찬해'

스타벅스 점포개발팀은 갖은 노력을 기울여도 결국에는 오해를 받는 자리다. 모든 계약은 상대적이고 객관적인데, 모든 임대인은 절대적이고 주관적으로 사고한다. 여기서 발생하는 시각 차이는 오해를 낳는다. 사실 같은 상권이라 하더라도 매장이 들어서기도 하지만 들어서지 못하기도 한다. 어떤 건물은 천장이 너무 낮고, 또 어떤 건물은 볕이 아예 들어오지 않는다. 매장을 내더라도 임대 조건이 다르다. 중심 상권의 신축 건물인데 임대인이 월세를 저렴하게 부를 수도 있고, 외곽에 있는 구축이지만 임대인이 원하는 월세가 상상을 초월하기도 한다. 이러저러한 조건을 따지고 고려해 계약은 이뤄지는 것이다.

그러나 임대인 생각은 다르다. 자신이 제의한 입점은 무산되었는데, 어느 날 옆 건물에 스타벅스가 새로 들어오면 환장할 노릇이다. 입점에 성공하더라도 마찬가지다. 건물이 공실로 남는 것은 용납할 수 있지만, 남보다 월세를 덜 받으면 배알이 꼬이기 마련이다. 나는 안 되고 남이 된 이유는, 흔히 안에서 찾기보다 밖에서 찾는 게 쉽다. '뭔가 있는 듯' 싶다. 그런데 이 '뭔가'가 실제로 뭔지를 아는 사람은 없다. 그래서 오해가 생긴다.

오해는 악담 선에서 그치면 양반이다. 때론 비수가 돼 날아간다. 스타벅스 감사실로 접수되는 익명의 투서는 대부분 점포개발팀을 겨냥하는 내용이라고 한다. 투서를 접수하고 조사해 잘못이 나오면 바로잡을 일이다. 실제로 투서는 비위 적발에 결정적인 역할을 한다. 그런데 점포개발팀 투서 내용을 파고들어가면 '점포개발팀이 회사를 위해 일을 잘했다'는 결론으로 이어지는 게 상당수라고 한다. 투서가 아니라 '공적 조서'인 셈이다. 여하튼 잘해도 오해, 못해도 오해를 받는 게 스타벅스 점포개발팀이다.

최소한의 피드백 위해
최대한의 노력 기울여

사실 남의 눈에 청탁이지만 당사자에게는 부탁이다. 모든 부탁을 청탁 취급하는 것도 못할 일이다. 이런 부탁을 검토하다 보면 좋은 조건으로 매장을 내기도 한다. 스타벅스 점포개발팀이 아무리 날고 긴다 해도 전국의 모든 상권과 건물, 임대 조건을 파악하기는 어렵다. 임대인이 스스로 제안하는 입점 신청만으로도 한계가 있다. 문제는 요청하는 입장에선 '부탁 하나만 하자'이지만, 스타벅스 점포개발팀이 상대하는 당사자는 하나가 아니라는 것이다. 이들에게 최소한으로라도 피드백을 주려면 노력은 최대한으로 기울여야 한다. 그래서 점포개발팀은 회사 의자에 궁둥이를 붙이고 있을 틈이 없다.

사실 고대하던 점포개발팀과의 만남은 뜻밖에도 쉽게 이뤄질 수 있다. 상권이 형성되고 사람이 모이는 곳이라면 늘 이들이 있다. 때로는 좋은 매장을 확보하기 위해 부동산 시행사 사무실을 돌면서 명함을 돌리기도 한다. 그저 고개가 뻣뻣한 존재로만 생각했다면 이들을 알아보지 못하고 진작에 스쳐 지나갔을 것이다. 이래도 오해, 저래도 오해를 받는 점포개발팀은 오늘도 음지에서 일하면서 양지를 지향한다.

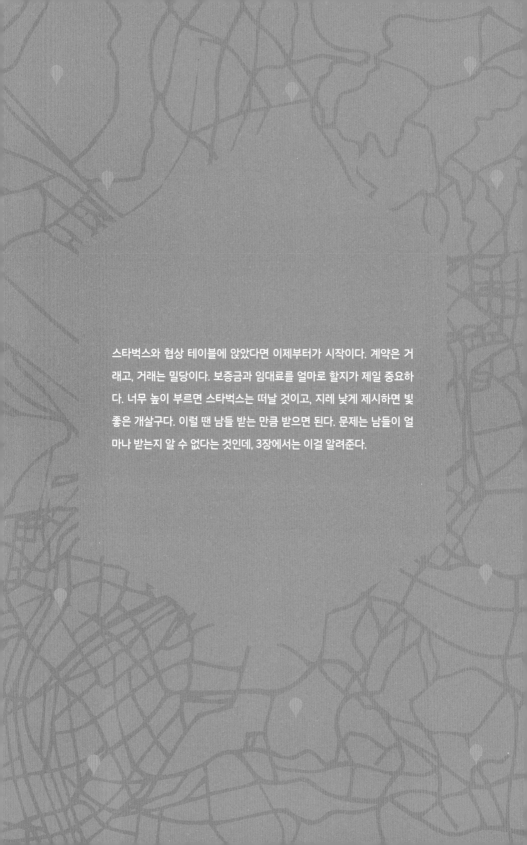

스타벅스와 협상 테이블에 앉았다면 이제부터가 시작이다. 계약은 거래고, 거래는 밀당이다. 보증금과 임대료를 얼마로 할지가 제일 중요하다. 너무 높이 부르면 스타벅스는 떠날 것이고, 지레 낮게 제시하면 빛 좋은 개살구다. 이럴 땐 남들 받는 만큼 받으면 된다. 문제는 남들이 얼마나 받는지 알 수 없다는 것인데, 3장에서는 이걸 알려준다.

3장

한 달에 얼마 받으세요?

—

스타벅스 임대료 대해부

매장은 사는 게 아니라 빌리는 것이다

스타벅스는 창사 이래 매장을 빌려서 쓰는 임차 정책만 고집한다.
매장을 끊임없이 늘리기 위해서다.
보증금으로만 걸린 돈이 3,538억 원으로,
회사 자산 22%에 해당하는 어마어마한 금액이다.

스타벅스는 자기 건물이 없다. 모든 점포는 빌려 쓴다. 스타벅스 본사가 창업 이래 고집해온 게 임차 정책이다. 이유야 여럿이겠지만, '스타벅스는 매장을 직영으로만 운영'하는 까닭이 결정적으로 꼽힌다. 브랜드 가치를 스스로 지키려는 전략이다. 그런데 스타벅스가 매장을 하나 출점하면서 부동산을 하나씩 사야 한다면 어땠을까? 비용은 천문학적으로 늘어났을 것이다. 그렇다면 지금처럼 세계 각지에 매장을 냈을지 장담할 수 없다. 사업을 프랜차이즈로 했으면 이런 고민을 안 해도 되었다. 프랜차이즈 창업자는 본사와 가맹 계약을 맺으면서 들어가는 비용을 자기가 부담한다. 매장도 창업자가 마련한다.

직영 고집과 한국적 특수성이 반영된 '임차 정책'

스타벅스의 임차 정책은 '한국적 특수성'에서 빛을 발했다. 한국에서 프랜차이즈 사업을 하려면 지점 간에 일정 간격을 유지*해야 한다. 가맹점주에게 영업권을 보장해야 하기 때문이다. 이를 어기면 행정제재 대상이다. 스타벅스가 프랜차이즈를 했으면 '근거리 출점(클러스터)'은 꿈도 못 꾼다. 예를 들면 서울 양천구에 있는 스타벅스 목동파라곤점과 목동행복한점은 직선 거리로 100m 정도 이웃해 있는데, 프랜차이즈였다면 처벌 대상이다. 그래서 가맹 사업을 하면서 간섭을 받느니 아예 직영만 하는 게 속이 편하다는 것이다. 거대한 자본력이 뒷받침하기에 가능한 이야기이긴 하다.

목동파라곤점

목동행복한점

....

* '가맹사업거래의 공정화에 관한 법률(가맹사업법)'에서 '부당한 영업지역 침해금지' 부분이 근거

부동산은 산다고 끝이 아니다. 관리해야 하고, 그러려면 또 비용이 뒤따른다. 감가상각도 생각해야 한다. 새 건물도 낡는다. 언젠가는 다른 자산으로 전환(현금화 등)하는 시기가 온다. 그런데 부동산은 몸집이 무거워 다른 자산보다 유동화가 느린 편이다. 매매가 비교적 자유롭고 현금화까지 이틀이 걸리는 주식과 비교하면 천양지차다. 다소 보수적인 관점으로 보면 유동화 속도가 느린 부동산은 리스크가 크다. 상대적으로 거액을 들여서 이런 리스크를 지느니, 차라리 이걸 활용해 더 큰 부가가치를 추구하는 것이 낫다고 볼 수 있다. 직원을 뽑든가, 공간을 세련되게 꾸미거나, 더 나은 원두를 찾는 등등 돈을 쓸 데는 많다.

임차는 좋은데,
임대료 떼이면 어떡하지?

부동산을 빌리는 과정은 틀이 정형화돼 있다. 상가든 주택이든 그 틀은 별반 다를 게 없다. 1)빌려주는 이(임대인)가 2)빌리는 이(임차인)에게서 3)대가를 받고 4)얼마간 5)부동산을 사용할 권리를 넘기는 것이다. 스타벅스라고 해서 예외는 아니다. 다만, 깐깐한 스타벅스는 자신의 권리를 '반드시 등기'한다.

'등기'의 의미를 짚고 넘어가고자, 먼저 부동산 등기사항전부증명서를 개괄적으로 살펴본다. 이 문서는 크게 1)표제부 2)갑구 3)을구로 나뉜다. 표제부에는 해당 부동산에 대한 설명이, 갑구와 을구에는 소유자와 권리자에 대한 설명이 각각 담긴다. 표제부는 부동산 접수 (생성 연월), 소재지번(주소), 건물내역(용도, 층수 등), 등기원인을 포함한다. 해당 부동산이 집합건물 일부라면 표제부에 '전유부분의 건물의 표시'를 추가로 적는다. A상가 B호실이라면 각각을 다른 표제부에 구분한다. 이렇게 해서 따로 봐야 전체 A상가와 일부 B호실의 정보를 정확히 파악할 수 있다.

참고로 집합건물은 호실마다 소유주가 있다. (일반) 건물은 다가구주택**을, 집합건물은 아파트를 생각하면 쉽다. 다가구 주택은 각기 공간에 거주하는 이들이 다르지만 이들 공간이 모인 건물 전체에 대한 소유권은 하나다. 반면에 아파트는 한 개 동에 있는 각 호실마다 소유권이 모두 분리돼 있다. 아파트나 상가 건물이 대표적인 집합건물이다. 스타벅스 매장은 일반 건물과 집합건물이 혼재돼 있다.

갑구에는 소유권 관련 사항이 담긴다. 등기 목적과 접수 연월, 등기원인, 권리자를 기재한다. 어디에 사는 누가 언제 어쩌다가 해당 부동산을 취득했는지를 파악할 수 있다. 채권자의 압류나 가압류도 소유권과 연관되므로 갑구에 담긴다. 을구에는 소유권 이외의 권리에 대한 사항이 담긴다. 부동산에 대한 권리는 소유권과 그 밖의 권리로 나눌 수 있다. 소유권 외에도 권리로써 소유권에 버금가는 권리를 인정하는 것이다. 예컨대 A가 B은행에서 주택담보대출을 받아서 집을

....

** '다세대 주택'과 '다가구 주택'은 다르다. 다세대 주택은 집합건물이므로 아파트처럼 개별 호실마다 등기가 되고 소유자가 있다. 다가구 주택은 여러 가구가 살 수 있는 구조이지만 등기는 건물 전체가 하나로 되고, 소유권도 건물 전체에 대한 것이다.

사면, B은행은 돈을 빌려주는 대가로 근저당권(리)을 등기하고 이를 등기사항전부증명서상 을구에 기재한다. 소유권자 A가 부동산을 처분해도 근저당은 그대로 그 부동산에 붙어 있다. 근저당을 없애려면 주택담보대출(피담보채무)을 모두 갚아야(변제해야) 한다. 이렇게 해야 B은행은 A에게 빌려준 돈을 안전하게 거둬들일 수 있게 된다.

전세권, 임차권, 근저당권에 대한 동의 없이는 계약 못해

스타벅스도 이렇게 한다. 건물을 사용하면서 넘긴 보증금과 전세금에 대한 권리를 '반드시 등기'한다. 우선적으로 전세권***을 설정하고, 어려우면 임차권 혹은 근저당권을 설정한다.

이것은 사실 번거로운 작업이다. 상당수 임대인은 임차인에게 등기로써 권리를 인정해주기를 꺼리고, 이들을 임대인 풀에서 제외하면 매장 선택 폭이 좁아질 수밖에 없기 때문이다. 등기를 설정하려면 비용도 든다. 그럼에도 스타벅스가 등기를 고집하는 이유는 '보증금과 전세금을 안전하게 회수'하기 위해서다. 앞서 주택담보대출 사례

....

*** 일반적으로 거액의 보증금을 납입하고 임대료를 따로 지급하지 않는 임대차를 '전세'라고 표현하지만 이것은 어디까지나 '임대차'이고, '전세권'과는 다른 것이다. '임대차'에서의 임차권은 물건을 빌려주는 사람에 대한 권리이고, '전세권'은 물건(부동산)에 대한 권리다. 다만, 이 책에서는 독자의 편의를 위해 일반적인 용례에 따라 '전세권'을 설정해주는 소유자 등도 '임대인', 전세권 등기를 한 전세권자도 '임차인'으로 표현했다.

에서처럼 은행의 근저당권 설정과 같은 맥락이다. '안전하게 회수'하는 것이 그 어떤 비용을 감수하는 것보다 중요하다는 의미다.

그도 그럴 것이, 현재 스타벅스가 지급한 보증금과 전세금은 3,538억 원(2021년 감사보고서 기준)이다. 이게 어느 정도 규모냐면, 스타벅스 자산(1조 6,046억 원) 대비 22.05%에 해당한다. 만에 하나이지만, 이걸 전부 날려버리면 스타벅스는 자산 5분의 1을 잃는 셈이다. 문제는 전국에 있는 각기 다른 임대인은 통제가 안 된다는 점이다. 저마다 처한 상황이 다르니 언제 어떻게 탈이 날지 아무도 모른다. 예상이 어렵기에 탈이 나는 건 못 막아도 탈이 난 후는 대비해야 한다. 그래야 긴 기간 동안 안정적으로 영업할 토대를 마련할 수 있다.

여기서 스타벅스 임대인이 될 수 있는 조건이 하나 도출된다. '임대인이 전세권, 임차권, 근저당권 설정을 거부하면 스타벅스를 임차인으로 맞을 수 없다'는 것이다. '그렇지 않으면 우리의 상대방이 될 수 없다'는 메시지를 스타벅스는 예비 임대인에게 직접, 그리고 강력히 쏘는 것이다. 이런 스타벅스의 생리를 분석하면, 스타벅스 임대료 정책 전반을 파악해볼 수 있다. 큰 그림은 물론이고 표정 변화까지 읽어낼 만큼 세세한 터치도 감지할 수 있다.

스타벅스가 지불하는 전세금과 임대 보증금은 천차만별이다. 임대료도 임대인마다 모두 다르다. 1)어느 지역에서 2)이 정도 면적을 가지면 3)보증금과 월세를 얼마씩 받는지, 그 누구도 알려주지 않았다. 이 책은 앞으로 이걸 알려준다.

바닥 막힌 월세 vs. 천장 뚫린 월세, 당신의 선택은?

스타벅스 임대차 계약상 월세는 갑을이 협의해 정액 혹은 정률로 정한다.
2가지 방식은 장단점이 명확하다.
고민된다면 스타벅스 매출이 연중 시기별로
증감한다는 걸 참고할 만하다.

2020년은 스타벅스도 커피 팔기가 정말 힘들었던 한 해다. 코로나 19 때문이다. 정부는 영업시간을 제한했고, 실내에 손님도 못 받게 했다. 나중에 제약을 풀었지만 여러 사람이 모이는 것을 오랜 기간 막았다. 삼삼오오에서 삼삼은 허용하고 오오는 금지하는 식이었다.

스타벅스도 자발적으로 매장 내 거리두기에 힘썼다. 고객 간에 간격을 띄우고자 의자와 테이블 개수를 줄였다. 갈 곳을 잃은 의자와 테이블은 매장 한 켠에 쌓였다. 물리적으로 전보다 적은 손님을 받을 수밖에 없었다. 테이크아웃을 늘리고 DT를 늘리고자 안간힘을 썼다. 배달을 시작한 것은 정말 획기적이었다. 애초에 커피는 배달하면 맛이 없다는 이유로 쳐다보지도 않은 영업 방식이었다. 그러나 코로나19 앞에서 우리 모두가 겸손했듯, 스타벅스도 스스로 콧대를 꺾을 수밖에 없었다. 그럼에도 매출은 하락했다. 4분기 매출이 2019년 같은 기간보다 2.6% 감소한 것이다.

스타벅스조차 힘들었다고 이야기하려는 게 아니다. 이 와중에 스타벅스에서 월세를 받는 임대인의 희비가 갈린 걸 짚어보려는 것이다. 그전에 스타벅스가 임대인에게 어떤 식으로 월세를 지급하는지부터 알고 가자.

사실 스타벅스의 임대료 지급 방식은 암막에 싸여 있다. 이걸 알면 스타벅스와 임대료를 협상하는 데 유용할 텐데, 그것을 알기가 어렵다. 물어도 알려줄 리 없고, 알려주더라도 진실인지를 확신할 수 없다. 이렇듯 사인(私人) 간에 맺은 계약에 타인이 접근하기는 쉽지 않다.

그 어렵고 쉽지 않은 걸 우리는 해내고자 시도했다. 임차권 등기는 권리를 명확히 인정하고자 적어도 3가지 사항을 반드시 포함하는 점을 이용했다. 보증금(액수)과 효력이 미치는 범위(면적), 그리고 차임(월세), 이 3가지를 분석해 스타벅스 월세의 실체에 상당히 근접했다.

장사가 잘 되면 늘어나는 월세의 유혹

월세는 2가지 방식으로 지급한다. '정해진 액수'와 '매출의 일부' 다. 뜻을 명확히 하고자 한자로 쓰면 앞엣것을 정액(定額)이라고 하고,

뒤엣것을 정률(定率)이라고 한다. 정액은 매장 사용 대가로 한 달에 '얼마'를 주겠다는 약속이다. 예컨대 월세 1,000만 원, 이런 식이다. 반면에 정률은 매장 매출의 일정 비율을 떼어주겠다는 계약이다. 요컨대 월 매출 10%와 같은 방식이다.

둘은 장단점이 명확하게 갈린다. 정액은 불확실성을 싫어하는 임대인이라면 선호할 방식이다. 매달 정해진 액수가 월세로 들어오니 자금을 고정해서 활용하기에 유리하다. 스타벅스 매장의 장사가 안 돼도 신경 쓸 일이 덜하다. 앞서 코로나19로 스타벅스가 진땀을 뺀 시기에도 정액 임대인은 느긋했다. 대신 스타벅스 매장에서 장사가 잘 되더라도 그 이익은 그림의 떡이다. 반면에 정률은 스타벅스 장사가 잘 되면 이익을 나눠 가진다. 매달 월세가 다르다. 장사가 잘 되면 많이 들어오고, 더 잘 되면 더 많이 들어온다. 장사가 덜 되면 거꾸로다. 코로나19 시절에는 스타벅스와 함께 임대인도 힘들었을 것이다. 하지만 불확실성을 기회로 보는 성향이라면 견딜 만하다.

사실 둘의 장단점은 상대적인 개념이다. 누군가에게는 정액과 정률의 장점이 단점이지만, 그 단점이 장점이 될 수도 있다. 선택은 임대인 몫이다. 다만, 우리는 이 결정을 내리는 과정에서 도움이 될 만한 한 가지 변수를 제시하고자 한다. 그것은 바로 '스타벅스 매출이 특정 시기에 따라 오르내린다'는 것이다.

이걸 증명하고자 최근 5개년도(2017~2021년) 스타벅스 매출을 분기별로 분석했다. 분기 매출은 절대적인 액수가 아니라 상대적인 실적으로 구했다. 분기 매출을 당시 매장 총수로 나눠 '매장당 매출'로 산출했다. 그 결과 다음과 같은 2가지가 눈에 띄었다. 첫째, 매장당 매출은 '증가 추세'다. 둘째, 분기 매출은 '특정 시기에 증감'했다.

4분기(10~12월)는 이 2가지 특징을 모두 명확하게 드러낸다. 4분기는 5개년도 가운데 4개년도에서 연중 매장당 매출이 가장 컸다. 2020년 한 해만 예외였는데, 당시 코로나19가 기승을 부린 게 반영된 결과로 보인다. 실제로 2020년 당시 매장당 매출 최대를 기록한 시기는 2분기(3억 3,600만 원)였으나, 4분기(3억 3,500만 원)와 비교해 100만 원 차이밖에 나지 않는다. 그리고 4분기는 직전 3분기와 비교해 5개년도 모두에서 매장당 매출이 증가했다. 4분기는 일반적으로 온음료 수요가 늘어나는 계절이다. 기온이 내려가면서 따뜻한 커피 매출을 끌어올리는 측면이 크다.

1분기(1~3월)는 5개년도 모두에서 연중 매장당 매출이 가장 적은 시기다. 춥기로 하면 4분기와 다를 게 없는데 천양지차다. 우선은 4분기 매출이 좋아서 상대적으로 부진(역 기저효과)한 측면이 있다. 연말은 소비에 관대한 시기다. 핼러윈(10월 31일), 추수감사절(11월 넷째 목요일), 성탄절(12월 25일), 송년회(12월)가 호시탐탐 지갑을 노린다. 4분기가 회계연도 막바지 분기라는 재무상 요인도 크다. 4분기 매출이 받쳐줘야 한 해 장사가 그럴싸하게 보인다. 그래서 통상적으로 회사마다 이 시기가 오면 마케팅과 영업에 여념이 없다. SCK컴퍼니(옛 스타벅스커피코리아)도 회계연도 마감일 12월 31일에 맞춰 연말로 갈수록 전력을 쏟는다. 소비 성향이 우호적인 데다 회사의 힘이 실리는 시절이 지나고 찾아온 1분기는 매출이 이성을 찾고 가라앉는 것이다.

스타벅스 분기 매출과 매장 현황

		1분기	2분기	3분기	4분기	전체
2017년	매출	2,854	3,081	3,173	3,527	12,635
	비중	22.59	24.38	25.11	27.91	100.00
	매장 수	1,031	1,069	1,108	1,141	4,349
	매장당 매출	2.77	2.88	2.86	3.09	2.91
2018년	매출	3,390	3,700	3,952	4,181	15,223
	비중	22.27	24.31	25.96	27.47	100.00
	매장 수	1,176	1,209	1,231	1,262	4,878
	매장당 매출	2.88	3.06	3.21	3.31	3.12
2019년	매출	4,297	4,579	4,628	5,191	18,695
	비중	22.98	24.49	24.76	27.77	100.00
	매장 수	1,277	1,308	1,336	1,378	5,299
	매장당 매출	3.36	3.50	3.46	3.77	3.53
2020년	매출	4,545	4,826	4,858	5,055	19,284
	비중	23.57	25.03	25.19	26.21	100.00
	매장 수	1,400	1,438	1,473	1,508	5,819
	매장당 매출	3.25	3.36	3.30	3.35	3.31
2021년	매출	5,227	5,780	6,266	6,583	23,856
	비중	21.91	24.23	26.27	27.59	100.00
	매장 수	1,536	1,574	1,611	1,639	6,360
	매장당 매출	3.40	3.67	3.89	4.02	3.75

자료: 이마트 분기보고서 및 SCK컴퍼니 감사보고서 / 단위: 매출 억 원, 비중 %, 매장 수 개

2분기(4~6월)는 5개년도 모두에서 연중 매장당 매출이 1분기보다 증가했다. 1분기가 저조해서 상대적으로 매출이 회복(기저효과)된다.

3분기(7~9월)는 5개년도 가운데 3개년도에 걸쳐 2분기보다 매출이 감소했다. 휴가철이 시작되는 등 외부 활동이 많아 외식업 전반이 맥이 풀리는 시기와 맞물린다.

겨울은 배부르고,
봄은 보릿고개

종합하면, 스타벅스의 매출은 연중 4분기가 가장 크고, 1분기가 저조하다. 1분기보다 2분기가, 3분기보다 4분기가 낫다. 3분기는 2분기와 4분기 사이에서 'V'자 곡선을 그릴 여지가 있다. 월세를 정률로 받으면 시기별로 차임이 널을 뛰는 것을 고려해야 한다는 의미다. 물론 한 해를 종합하면 어느 정도 평균에 수렴할 것이다. 그러나 우리는 한 해를 살기에 앞서 분기를 살아간다.

분기별 매장당 매출은 전반적으로 우상향하는 추세가 분명하다. 월세 협상을 할 때 장기적으로는 정률이 유리할 수 있다는 의미다. 다만, 초창기 정액과 정률이 큰 차이를 보이지 않으리라는 판단이 선행돼야 한다. 차이가 없으면 정률을 선택하는 게 낫다.

이게 가능하려면 매장당 매출이 얼마큼 나올지를 먼저 추정해야 한다. 어려운 작업이다. 이 어려운 걸 우리는 또 해냈다. 이어지는 본문에서 매장당 정액과 정률 월세 평균이 나오니 기대하시라.

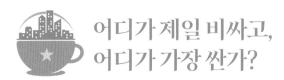

어디가 제일 비싸고, 어디가 가장 싼가?

월세를 많이 받으려면
결국에는 서울에 스타벅스 매장을 내는 게 맞다.
월세가 가장 저렴한 충남 아산시는
가장 비싼 서울 서초구보다 3배 저렴했다.

숫자 이야기를 해야겠다. 여기서는 임대 보증금*을, 이어지는 본문에서는 월세를 각각 다룬다. 이걸 숫자로 표현하지 않으면 정보로서 가치가 떨어질 수밖에 없다. 약간 재미없을지 모르지만 이걸 참으면 '임대료' 실체가 보일 것이다.

임대 보증금의 실체에 다가가고자 임차권과 전세권을 분석했다. 시군구로 세분하고 매장이 5개 이상인 지역을 위주로, 95개 시군구를 대상으로 추렸다. 정확히 하고자 부연하면, 여기에는 임차권과 전세

....

* 전세권의 '전세금'도 '임대 보증금'으로 통칭해 설명한다.

권이 5개 미만인 지역이 일부 포함된다. 예컨대 대구 북구는 등기로 파악한 매장이 7개인데 전세권이 설정된 매장은 3개다. 나머지 4개는 임차권이나 근저당권이 설정돼 있었다. 그럼에도 앞서 면적을 구할 당시 대구 북구를 포함했기에, 이번에도 제외하지 않았다. 기준을 유지해 일관된 값을 구하려는 차원이다.

보증금은 상대적인 면적(1m²)당 금액과 절대적인 매장 금액으로 나뉘었다. 우선 1m²당 임대 보증금이 가장 비싼 곳은 서울 서초구(매장수36, 이하 숫자만 표시)다. 1m²당 금액은 121만 7,380.25원이다. 2위는 대구 중구(3)로 116만 4,483.26원, 3위는 서울 강북구(5)로 115만 1,113.40원이다. 1m²당 임대 보증금이 100만 원 이상인 곳은 앞서 3곳을 포함해 14곳이다. 서울 7곳, 경기 4곳, 인천 1곳으로 수도권이 12곳이었다. 지방은 대구 중구와 대전 중구가 여기에 포함되었다.

포항 매장을 2개 팔아야
용산에 매장 하나

매장 표본을 10개 이상으로 잡아 상위 10위 순위를 매기면 서초구에 이어 서울 용산구가 2위다. 3위 경기 성남시, 4위 인천 남동구, 5위 서울 마포구, 6위 서울 송파구, 7위 서울 강남구, 8위 서울 중구, 9위 서울 강서구, 10위 서울 양천구였다.

상대적으로 임대 보증금이 가장 싼 곳은 충남 아산시로, 1m²당 39만 4,151.62원이다. 앞서 가장 비쌌던 서울 서초구(121만 7,380.25원)와 비교하면 3배 넘게 싸다. 뒤이어 경남 창원시가 47만 7,898.96원, 경북 포항시가 49만 4,328.23원으로 저렴한 지역이다. 1m²당 임대 보증금이 50만 원 이하인 지역은 이상 3곳이었다.

매장 표본을 10개 이상으로 잡아서 하위 10개 지역 순위를 매겨보면, 최하위는 경남 창원시였다. 이어 2위 울산 남구, 3위 대구 달서구, 4위 대구 수성구, 5위 대전 유성구, 6위 충북 청주시, 7위 부산 부산진구, 8위 광주 북구, 9위 전북 전주시, 10위 충남 천안시 순이었다.

매장 보증금이 가장 비싼 지역은 인천 남동구로, 평균 3억 6,100만 원이다. 서울 서초구보다 평균(80.34m²↑)이든 중간값(61.71m²↑)이든 면적이 넓어서 순위가 역전한 것이다. 2위는 서울 노원구(3억 5,600만 원), 3위는 서울 관악구(3억 5,500만 원)다. 매장당 임대 보증금이 3억 원 이상인 지역은 앞서 3곳을 포함해 17개 지역이다. 여기서 서울이 9곳으로 과반이었고, 경기 6곳과 인천 1곳 등 수도권은 16개 지역으로 대부분 3억 원 이상이다. 대전 대덕구(3억 1,000만 원)가 지방에서는 유일하게 이름을 올렸으나 표본이 5곳에 불과했다.

매장 표본을 10개 이상으로 잡아보면, 역시 1위는 인천 남동구, 2위는 서울 관악구였다. 3위 서울 용산구(3억 4,800만 원), 4위 서울 강동구(3억 4,200만 원), 5위 서울 강서구(3억 2,900만 원), 6위 서울 송파구(3억 2,700만 원), 7위 경기 안양시(3억 2,500만 원), 8위 서울 서초구(3억 1,900만 원), 9위 경기 수원시(3억 1,200만 원), 10위 서울 마포구(3억 800만 원)다.

매장당 보증금이 가장 싼 지역은 충남 아산시와 경북 포항시가 각각 평균 1억 5,800만 원으로 동률이었다. 단순히 계산하면, 인천 남

매장당 임대료 상하위 매장(10개 이상)

순위	광역시도	시군구	매장 수	계약 수	계약당 평균	매장당 평균	m²당
상위 10개	서울	서초구	36	36	3.19	3.19	1,217,380.25
	서울	용산구	14	20	2.43	3.48	1,149,600.39
	인천	남동구	10	16	2.25	3.61	1,050,592.49
	서울	마포구	27	34	2.44	3.08	1,044,587.06
	서울	송파구	28	43	2.13	3.27	1,017,619.84
	서울	강서구	13	17	2.51	3.29	992,293.65
	서울	관악구	11	11	3.55	3.55	939,623.19
	경기	안양시	15	16	3.05	3.25	904,683.78
	경기	수원시	23	31	2.31	3.12	884,251.82
	서울	강동구	12	15	2.73	3.42	821,941.43
하위 10개	서울	영등포구	26	27	2.14	2.22	760,154.77
	대전	서구	20	23	1.68	1.93	710,872.07
	충남	천안시	13	19	1.39	2.04	697,521.81
	부산	부산진구	14	14	2.14	2.14	648,655.66
	충북	청주시	15	15	2.10	2.10	639,666.64
	대전	유성구	12	16	1.43	1.91	620,708.73
	대구	수성구	13	13	2.28	2.28	610,078.00
	대구	달서구	10	10	2.00	2.00	558,701.35
	울산	남구	12	12	2.16	2.17	502,705.91
	경남	창원시	20	20	2.00	2.00	477,898.96

단위: 계약당 및 매장당 억 원, m²당 원

동구나 서울 관악구·용산구에 매장 1곳을 낼 여력이 있으면 충남 아산시와 경북 포항시에서는 2곳을 차릴 수 있다는 의미다. 이어서 3위 경남 진주시(1억 7,000만 원), 공동 4위로 전남 순천시와 부산 중구가 각각 1억 8,000만 원이다. 보증금이 2억 원 미만인 지역은 앞서 5곳을 포함해 총 9곳이다.

매장 표본을 10개 이상으로 늘려보면, 대전 유성구가 1억 9,100만 원으로 제일 쌌다. 이어 2위 대전 서구(1억 9,300만 원), 공동 3위(2억 원) 경남 창원시와 대구 달서구, 5위 충남 천안시(2억 400만 원), 6위 충북 청주시(2억 1,000만 원), 7위 부산 부산진구(2억 1,400만 원), 8위 울산 남구(2억 1,700만 원), 9위 서울 영등포구(2억 2,200만 원), 10위 대구 수성구(2억 2,800만 원)가 저렴했다.

강남 임대료 제친
6곳은 과연 어디?

95개 시군구의 1m²당 보증금 중간값 지역은 대전 동구(79만 233.97원)다. 매장당 보증금 중간값은 2억 5,100만 원으로 경기 화성시(19곳)가 이에 해당했다. 충남 아산시는 면적과 매장 보증금이 가장 싼 곳이다.

임대료는 면적당(상대적)이든 매장당(절대적)이든 수도권이 비싸고, 비수도권이 명확하게 쌌다. 10개 이상 매장을 가진 시군구 가운데 상위 10개 지역은 2개 지역을 제외하고 모두 서울에 위치한 구가 이름을 올렸다. 강남구 순위(7위)가 상대적으로 밀려 있는 것이 눈에 띈다. 하위 10개 가운데 수도권 지역은 하나도 없었고, 대구의 구가 2곳으로 집계되었다.

매장 10개 이상을 표본으로 한 상위 10위권에는 서울이 7곳, 인천 1곳, 경기 2곳 등 모두 수도권 시군구가 이름을 올렸다. 하위 10위권에 서울 영등포구가 포함된 것이 눈에 띄고, 나머지 9개 지역은 수도권 밖이었다. 광역시 가운데 대전과 대구가 각각 2곳이었다. 이 기준으로 대구는 면적당과 매장당으로 하위 10위에 각각 2개 구가 이름을 올렸다. 2곳 모두 대구 달서구와 수성구였다.

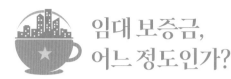

임대 보증금,
어느 정도인가?

보증금과 월세는 임대인 마음대로 정한다.
그러나 스타벅스와 의견 차이를 못 좁히면 계약은 허공으로 날아간다.
지방이 상대적으로 싸 보이지만 면적 자체가 넓어서
절대적으로는 비싸다는 걸 참고하자.

'임대 보증금과 월세는 얼마를 받지?' 스타벅스 매장을 들이려는 임대인이면 누구나 해봄직한 고민이다. 사실 고민할 것까지는 아니다. 얼마를 받을지는 임대인 마음이다. 임대료는 서로 '합의'하는 것이지, 법률이나 제도로 일방이 강제하는 게 아니다. (계약 갱신 과정에서 발생하는 제약은 논외로 한다.) 임대인이 비싸게 내놓아도 임차인이 감당하면, 계약은 이뤄진다. 다만, 시가를 크게 초과하면 감당할 임차인을 찾는 게 쉽지만은 않다.

자본력이 뒷받침하는 스타벅스도 예외는 아니다. 외려 스타벅스를 유치하려고 시가보다 낮은 가격을 제시하는 것도 방법(4장 '보증금은 됐고요, 월세만 주세요!' 참고)이다. 여하튼 그간 스타벅스가 지급해온 적정 수준의 임대 보증금은 있기 마련이다. 이걸 알고 스타벅스와 논의하면 진척이 빠를 것이다.

적정 수준의 임대 보증금에 접근하고자 스타벅스 매장의 등기사항전부증명서상 등기된 1)전세권 2)임차권 3)근저당권을 모두 파악했다. 스타벅스가 3개 권리 가운데 무엇을 확보했는지는 당사자 사정이다. 우리가 집중할 것은 우선과 차선을 선택한 배경이 아니라, 우선과 차선으로 확보한 권리 자체다. 지금부터는 3대 권리 자체를 파고든다.

전국 평균 임대 보증금은 '2억 6,400만 원'

우선 우리는 전국 스타벅스 매장 1,157곳에 등기된 전세권을 확인했다. 전체 매장(1,653곳) 가운데 약 70% 수준이고, 등기사항전부증명서로 확인한 매장(1,347곳)에 대비하면 85%에 해당하는 규모다. 십중팔구로 십을 그리는 것을 두고 억지라고 할 이는 없다. 이와 별개로 임차권 219건과 근저당권 계약 33건을 등기(매장 수가 아니라 계약 기준)에서 파악했다. 여기서는 전세권부터 정리한다.

스타벅스 1,157개 매장에 설정된 전세권 계약은 모두 1,413건이다. 매장을 기준으로 이를 통합하고 전세권의 총합을 내보니 총액은 3,056억 3,900만 원, 전세 범위는 38만 700.86m²다. 이를 통해서 우리는 평균 임대 보증금*을 매장과 계약별로 파악했다. 전세권 등기가 설정된 매장 1,157개의 평균 임대 보증금은 2억 6,400만 원이다. 계약당 평균 임대 보증금으로 환산하면 2억 1,700만 원이다.

전세권으로 임대 보증금과 범위를 파악했으니, 이걸 다시 가공하면 면적에 상응하는 보증금이 나온다. 면적 기준 1m²당 임대 보증금은 평균 80만 2,832.35원이다. 1평(3.3m²) 단위로 환산하면 264만 9,346.75원이다. 앞서 우리가 면적을 파악했을 당시에 구한 전국 평균 매장의 크기는 333.69m², 중간값은 315.70m²였다. 1m²당 임대 보증금을 여기에 대입해보면, 전국 임대 보증금 평균은 2억 6,789만 7,126.87원, 중간값은 2억 5,345만 4,172.89원이다. 전세권으로 구한 평균 임대 보증금(2억 6,400만 원)과 최소 389만 원 차이로 근사하다. 임대 보증금으로 역산한 면적과 면적으로 연산한 값이 거의 정확히 맞았다. 놀랍도록 공교로운 게 아니라 정교하게 계산한 덕이다.

이 숫자는 전국 17개 광역시도 평균으로 나눠서 볼 수 있다. 전국에서 매장당 임대 보증금 가격이 가장 비싼 지역은 서울(2억 9,400만 원)이었고, 경기(2억 8,800만 원), 인천(2억 7,700만 원), 전북(2억 7,200만 원) 순이었다. 이상 4개 지역이 전국 평균(2억 6,400만 원)을 웃돌았다. 나머지 12개 지역 가운데 임대 보증금이 가장 저렴한 곳은 경북(1억 8,600만 원)이었고, 충남(1억 8,900만 원)과 경남(2억 200만 원), 충북(2억 300만 원)이 뒤를 이었다.

....

* '전세권'을 설정한 것이므로 엄밀하게는 '전세금'이지만, 독자들이 이해하기 쉽게 흔히 사용되는 '임대 보증금'으로 통칭했다.

1m²당 임대 보증금이 가장 비싼 지역은 역시 서울(97만 5,759.01원)이다. 서울에서 매장을 내면 평균(304.36m²) 2억 9,698만 2,012.28원, 중간값(277.67m²) 2억 7,093만 9,004.30원을 임대 보증금으로 받을 수 있다. 이는 앞서 살폈던, 전세권으로 파악한 서울 매장당 평균 임대 보증금(2억 9,400만 원)과도 유사한 수준이다. 이어서 경기(87만 3,975.36원), 세종(85만 3,811.47원), 인천(84만 2,722.31원)이 면적당 임대 보증금 2~4위를 차지했다. 마찬가지로 이상 4개 지역은 전국 평균(80만 2,832.35원) 이상이었고, 나머지 12개 지역은 이하다.

지방은 상대적으론 싸지만 절대적으로는 비싸다

여기서 전북이 눈에 걸린다. 전북은 매장당 임대 보증금이 전국에서 4번째로 비싼 지역인데, 1m²당으로 치면 수위권에 이름을 올리지 못했다. 절대적으로 비싸지만 상대적으로 싼 탓이다. 이는 지방의 특성이다.

울산 사례를 함께 보자. 울산은 1m²당 임대 보증금이 전국에서 가장 저렴한 지역이다. 1m²당 49만 2,672.71원이고, 매장당 평균 임대 보증금은 2억 700만 원이다. 울산에 이어 경남(53만 917.40원), 충남(55만 6,097.84원), 전남(58만 3,586.63원) 순으로 저렴하다.

울산은 서울과 비교해 1m²당 임대 보증금이 약 50% 저렴하지만, 매장당으로 보면 30% 정도 싸다. 울산만 그런 것이 아니라 경남과 충남, 전남도 비슷하다. 두 값이 비례해서 차이가 나지 않고 벌어진 이유는 면적 때문이다. 지방일수록 서울보다 매장 면적이 넓은 것도 같은 이유다.

아파트를 예로 들면 쉽다. 24평형은 34평형보다 평당 가격이 비싸고, 34평형은 24평형보다 매매 가격이 비싸다. 매수자와 매도자가 이걸 거꾸로 해석하면 의견 차이를 좁힐 수 없다.

스타벅스도 마찬가지다. 어떤 지역이든 '스타벅스가 원하는 평균 면적'이 있다. 그 면적은 평당 가격이 저렴할지 몰라도 전체 가격으로 치환해봐야 한다. 앞서 면적 편에서 봤듯이, 지방은 수도권보다 면적이 넉넉한 편이다. 이걸 적용해보면 지방의 임대 보증금이 상대적으로 쌀지언정 절대적으로 보면 뒤지지 않는 걸 알 수 있다. '지방이라고 해서 임대 보증금을 싸게 받을 이유가 없다'는 의미다.

월세는 얼마나 받고,
어떤 식으로 받나?

월세를 정액으로 받으면
대구, 서울, 경기에서는 월 1,000만 원 이상 가능하다.
정률로 월세를 받길 원한다면
평균적으로 월 매출의 13%를 받을 수 있다.

정액과 정률. 스타벅스에 입점을 신청하는 임대인은 이 2가지 방식 가운데 하나를 선택해 월세를 받으면 된다. 선택권은 임대인에게 있다. 앞에서부터 차근히 짚어온 대로 여러 변수를 고려해 적합한 방식을 취하면 된다.

다만, 스타벅스에 최대한 맞춰주고자 한다면 정답에 가까운 선택은 있다. 그 선택 기준은 '스타벅스가 선호하는 방식이 과연 무엇이냐'는 것이다.

이걸 파악하고자 차임(월세)이 명시된 임차권 등기 매장 183개를 확인했다. 정액 계약 114개와 정률 계약 147개로 구성된다. 1개 매장에 여러 계약이 걸린 것을 합쳐서 정리하니, 각각 정액 69개와 정률 114개 매장으로 추려졌다. 예컨대 A 매장에 임대 보증금 1억 원에 차임 500만 원짜리 임차권 등기가 2건 설정되어 있으면, 더해서 임대 보증금 2억 원에 차임 1,000만 원짜리 1개 매장으로 봤다. 한 매장에 임차권을 비롯해 전세권과 근저당권이 함께 설정돼 있어도 별개 매장으로 쳤다.

요컨대 B 매장에 임대 보증금 1억 원에 차임 500만 원짜리 임차권 등기 외에 전세권 1억 원과 근저당권 1억 원이 등기돼 있어도 임차권만 떼어서 봤다.

183개 매장은 앞서 등기사항전부증명서를 떼어 파악한 전체 매장 1,346곳 대비 13.5%에 해당한다. 열에 하나를 조금 넘고 둘에는 못 미친다.

이 숫자가 미미한 것은 스타벅스의 생리 탓이다. 스타벅스는 임차인으로서 권리를 확보하고자 전세권을 우선으로 확보하고 여의치 않으면 임차권과 근저당권을 챙긴다. 전세권과 근저당권은 등기에 월세를 명시하지 않는다. 그러나 임차권 등기는 월세를 반드시 적는다. 월세를 알아볼 대상은 임차권 등기에만 한정된다.

스타벅스가 어쩌다가 전세권을 모두 확보하지 못했는진 알기 어렵고, 알 바도 아니다. 다행히 '어쩌다가 확보한 임차권'에는 '월세의 흔적'이 남아 있다. 여기에 집중하고 면밀하게 분석하는 게 더 생산적이다.

정액이냐 정률이냐, 이분법에서 벗어나기

임차권 183개 매장은 비율에서 정률(62.2%)이 정액(37.7%)을 앞선다. 기간별로 정률과 정액 비율은 2010년대가 61.7% 대 38.2%, 2020년대가 64.6% 대 35.4%다. 스타벅스가 정률을 정액보다 선호한다고 보기에는 압도적인 차이가 아니다. 스타벅스 매장 개발에 밝은 이들의 설명을 들어보면, 스타벅스가 정률과 정액 가운데 어느 하나를 고집하거나 선호하지는 않는다고 한다.

실제로 전체 스타벅스 매장의 정률과 정액 비율은 절반에 가깝다고 한다. 연도별로 출점하는 매장 비중은 약간 차이가 있을 테지만, 그래도 6대 4 비중을 넘어가지는 않는다고 한다.

스타벅스가 의도적으로 균형을 맞춘 것은 아니다. 임대인과 스타벅스가 각각에게 유리한 계약을 맺은 결과다. 이 과정에서 자연스럽게 중간에 수렴한 것으로 해석된다.

'정률이냐 정액이냐'의 이분법은 더는 생산적이지 않다. 이제는 숫자를 가공해 '임대 보증금과 월세를 얼마씩 받아야 하는지'에 집중해보자.

정액 계약을 바탕으로 산출한 매장 평균 임대료는 임대 보증금 2억 150만 원에 월세 911만 원이다. 월세에서 부가가치세(부가세)는 별도다. 예컨대 월세 1,000만 원 계약이면, 실제로는 월세에 부가세율 10%를 적용(100만 원)한 1,100만 원이 오간다.

지역으로 확장해보면, 매장 평균 임대료를 구한 지역은 17개 광역시도 가운데 12개다. 매장당 월세가 가장 비싼 지역은 대구(임대 보증금 2억 2,500만 원·1,181만 5,000원)다. 월세가 1,000만 원을 넘은 지역은 대구를 포함해 서울(2억 3,400만 원·1,105만 3,300원), 경기(2억 4,400만 원·1,003만 3,600원) 등 3곳이다.

전국 정액 임대료 현황

	매장 수	임차액	월세	매장당 임차액 평균	매장당 월세 평균
전체	69	139.05	62,910.1	2.02	911.74
경기	17	41.61	17,057.1	2.45	1,003.36
경남	1	1.5	400	1.50	400.00
광주	11	14.15	6,600	1.29	600.00
대구	4	9.00	4,730	2.25	1,182.50
부산	2	1.20	1,400	0.60	700.00
서울	18	42.15	19,896	2.34	1,105.33
울산	1	2	800	2.00	800.00
인천	2	3.94	1,882	1.97	941.00
전남	3	6.00	2,520	2.00	840.00
전북	8	14.50	6,300	1.81	787.50
제주	1	1.5	650	1.50	650.00
충북	1	1.5	675	1.50	675.00

단위: 임차액 억 원, 월세 만 원

전국 정률 임대료 현황

	매장 수	임차액	매장당 임차액 평균	매장당 평균 월세 정률
전체	114	231.58	2.09	15.132
강원	3	6.00	2.00	13.3
경기	24	53.63	2.33	12.6
경남	5	12	2.40	12.2
경북	9	14.50	1.81	13.94
대구	16	34.00	2.26	14.87
대전	1	1.50	1.50	13
부산	11	21.00	1.90	13.68
서울	29	60.17	2.07	12.94
세종	1	1.50	1.50	12
울산	1	0.00	0.00	13
인천	2	4.28	2.14	9.8
전북	1	2.00	2.00	15
제주	6	14.5	2.41	13.66
충남	2	1.50	0.75	12.5
충북	3	5	1.66	13

단위: 임차액 억 원, 월세 만 원, 정률 %

면적당 임대료를 따지면 상대적인 월세를 구할 수 있다. 전국 스타벅스 매장의 1m²당 평균 임대료는 2만 9,800원이다. 전국의 여타 상가 임대료를 웃도는 수준이다. 한국부동산원이 발표한 상업용 부동산 임대 동향을 보면, 2022년 1분기 기준으로 1m²당 전국 평균 임대료(완전 월세만)는 집합상가(주 용도가 상가 등인 집합건축물) 2만 6,900원, 소규모 상가(주 용도가 상가 등인 2층 이하, 연면적 330m² 이하 일반 건축물) 1만 9,420원, 중대형 상가(주 용도가 상가 등인 3층 이상, 연면적 330m² 초과 일반 건축물) 2만 5,520원이다. 코로나19 발생을 전후로 임대료가 하락한 측면이 있지만, 현 시점에서 절대적으로 스타벅스 임대료가 전국 평균보다 높다. 게다가 스타벅스 임대료는 적어도 8.7년(평균 전세 계약 기간) 전에 책정된 것이다. 과거부터 이미 현재 수준을 넘은 월세를 책정한 것이다.

1m²당 땅값이 가장 비싼 곳은 서울(4만 6,800원)이다. 대구(4만 5,600원)와 부산(4만 500원), 인천(4만 300원) 등은 1m²당 임대료가 4만 원을 웃돌았다. 경기는 3만 9,400원으로 4만 원에 근사했지만 역시 미치지 못했다. 다만, 서울 스타벅스 매장 월세가 시가보다 낮은 선에 형성돼 있어 눈에 띈다.

2022년 1분기 기준으로 서울의 상업용 부동산 월세는 1m²당 집합상가 4만 7,060원, 소규모 상가 4만 8,960원, 중대형 상가 5만 1,550원이다. 서울 상가용 부동산 월세가 2015년을 기점으로 완연한 하락세를 보였는데, 그럼에도 스타벅스 매장 월세가 여기에 미치지 못했다. 평균 8.7년 기간의 임대차 계약이 유효한 게 원인으로 꼽힌다. 상대적으로 긴 기간 동안 변동하지 않는 탓에 시세 평균을 수렴하지 못한 것이다. 서울과 경기, 광주를 제외한 8개 지역은 매장 표본이 10개 미만이라서 평균에 가까운 숫자를 얻기엔 아쉬운 측면이 있다.

정률은 스타벅스 매장 매출의 일정 부분을 월세로 주고받는 계약이다. 여기서 매출은 부가세를 포함해 산정한다. 앞서 정액 월세는 부가세를 제외한 것과 대비된다. 정률 매장 114개는 평균적으로 임대 보증금 2억 860만 원을, 월세로 매출의 15.1%를 각각 받기로 돼 있다. 이 숫자에는 평균의 함정이 있기에, 구간별 월세 비중을 구분해볼 필요가 있다. 이렇게 보면 매출의 13%대를 받기로 한 계약(28.9%)이 가장 많다. 15%대를 받기로 한 계약도 넷에 하나꼴(24.5%)로 상당했다. 월세가 매출의 15%를 넘거나 10%에 미치지 못하는 계약은 드물다. 17개 광역시도 가운데 15개 지역이 대상에 포함돼 있다. 대표적으로 서울의 정률 계약 평균치는 임대 보증금 2억 700만 원에 월세는 매출의 10~17% 사이였다.

몸은 가볍지만
엄연한 스타벅스 건물주

상가 임대인이라고 해서 실망할 것은 없다. 소규모 지분 투자로도 얼마든지 정액과 정률 월세를 거두는 성공적인 사례는 많다.

경기 시흥시에 있는 시흥은계점은 7개 상가를 묶어 낸 2층짜리 매장이다. 여기에 달린 임차권 계약 7건을 보면 A 씨 등 3명은 2층에 52.94m² 넓이의 매장을 각각 가지고서 임대 보증금 2,020만 원에 월

시흥은계점   명학역점

세 87만 3,000원을 받는다. 이들은 임차권으로 확인한 가장 소액 월세를 받는 스타벅스 임대인이다. 1층에 같은 넓이의 매장을 가진 B씨 등 2명은 임대 보증금 약 5,300만 원에 월세 225만~295만 원을 받는다. 1층과 2층의 임대료 차이가 2배를 넘는다.

정률 계약을 보면, 경기 안양시에 있는 명학역점은 상가 8개를 엮어서 만든 단층 매장이다. 여기에 26.99m² 넓이의 상가를 출연한 C씨는 임대 보증금 2,570만 원에 월 매출의 0.94%를 월세로 받는다. 임차권으로 확인한 정률 계약 가운데 몸이 가장 가벼운 임대인이다.

계약을 좌우하는 변수는 보증금과 임대료뿐만이 아니다. 서로 한 발씩 물러서면 죽어가는 계약도 살려낼 수 있으니, 상대를 대하는 열린 자세가 필요하다. 그러나 절대 양보하지 못하는 마지노선이란 것도 있기 마련이다. 스타벅스와 계약에 성공한 이들은 난제를 어떻게 뚫었을까? 이들을 따라 하는 것은 실패 확률을 줄이는 길이다. 스타벅스가 스타벅스를 따라 하는 것처럼.

4장

스타벅스에 갑질해볼까?

—

계약의 노하우

전세권, 임차권, 근저당권에 대해 먼저 파악하자

모든 임차인이 마찬가지이듯
스타벅스도 임대 보증금을 떼일지 걱정한다.
그래서 스타벅스는 반드시 전세권 설정을 한다.
만약 임대인이 이를 거부하면 계약은 물 건너간다.

스타벅스는 건물을 빌리면서 전세권*을 요구한다. 여의찮으면 임차권을 확보하고, 그래도 부족하면 근저당권까지 설정한다. 과거에는 임차권만 확보하기도 했으나, 이제는 전세권 설정을 '원칙'으로 하고 나머지를 '예외'로 하는 기조로 바뀌었다.

....

* 흔히 '전세'라는 용어를 사용하기도 하는데 거의 대부분 민법상 '임대차'의 성격이고, 여기서 말하는 민법상 전세권과는 다른 것이다. 그 구별은 보통 '등기' 여부다. 주택임대차보호법이나 상가건물임대차보호법의 '임차권 등기'도 있지만, '전세권'은 물건을 처음 빌릴 때부터 전세권 등기를 한다는 점에서 구별된다. 물론 임차권도 등기할 수 있지만, 일반적으로 이용하지 않으므로 논외로 한다. 특히 임대차는 임대인과의 계약이므로 임차권은 임대인에 대해 갖는 채권이다. 그러나 전세권은 그 물건에 대해 직접 권리를 갖는 물권이라는 점에서 본질적인 차이가 있다.

부동산 임대업계의 설명을 종합하면, 최근에는 소유자가 전세권 등기에 동의하지 않으면 스타벅스 매장을 들이는 게 불가능하다고 한다. 물론 독자가 스타벅스에 진심이라면, 그쪽에서 원하는 전세권 등기 요구를 들어주면 그만이다. 그래도 그전에 전세권이 뭔지는 알아야 한다. 임차권과 근저당권도 마찬가지다.

전세권과 임차권, 근저당권은 민법상 권리다. '자기의 권리를 잃지 않기 위한' 장치라는 것은 공통점이지만, 저마다 권리의 범위와 한계가 다르다. 그중 전세권이 가장 세다. 민법상 전세권은 '전세금을 지급하고 타인의 부동산을 점유해 그 부동산의 용도에 좇아 사용·수익하며, 그 부동산 전부에 대해 후순위권리자 기타 채권자보다 전세금의 우선변제를 받을 권리(민법 제303조 제1항)'를 일컫는다.

복잡해 보이지만 의미를 하나씩 쪼개보면 그렇지도 않다. 다 걷어 내고 2가지를 주목하면 된다. '사용·수익'과 '우선변제'다. 임차권처럼 사용·수익을 할 수 있는 권리가 있고, 저당권처럼 우선변제의 권리가 있어 전세금을 물건으로부터 직접 확보할 수 있다. 즉 임차권과 저당권을 합쳐놓은 것과 유사하다.

전세권이 임차권보다 강력한 이유는 '경매를 신청할 수 있는 권리'를 갖기 때문이다. 여차하면 전세권자가 전세 물건을 직접 경매에 부치면 된다. 이로써 임대인이 전세금을 상환하지 않는 불의의 상황을 대비하는 것이다.

그런데 채권자가 여럿이면 매각한 대금을 어떻게 나눠야 할까? 예컨대 건물을 경매에 부쳐 10억 원을 건졌는데 1억 원씩 채권을 가진

이가 11명 나타날 수 있다. 등분해서 나누면 보증금을 오롯이 회수할 수 없다. 여기에 선뜻 동의할 채권자는 없다. 누구든 자기 돈이 먼저다. 가장 먼저 빌려준 채권자도 할 말이 있고, 가장 많이 빌려준 채권자도 할 말이 많다. 채권자 사이에서 분쟁이 생기면 누군가는 손해를 볼 수 있다.

　이럴 때 법은 우선순위가 있는 이에게 먼저 돈을 주라고 강제한다. 전세권 정의에서 봤던 두 번째 개념 '우선변제'가 이래서 중요하다. 전세권을 가진 스타벅스는 건물을 경매에 부칠 수 있고, 선순위자가 없으면 경매 대금도 제일 먼저 확보할 수 있다. 전세권 자체를 팔아서 (양도) 자금을 회수할 수도 있다. 존속 기간 내에서 다른 사람에게 전전세를 할 수도 있고, 임대해서 수익을 낼 수도 있다. 전세권은 부동산을 빌리는 사람이 확보하는 최선의 안전장치인 셈이다.

내 건물을 임차인에게 파는 것은 가능하다

그러나 현실은 전세권을 쉽게 허락하지 않는다. 전세권은 등기부에 등기해야 효력이 발생하는데, 그러려면 전세권설정자(소유자)의 동의를 얻어야 한다. 상당수 소유자는 이걸 꺼린다. 번거롭기도 하거니와 건물에 전세권 등기가 되는 것도 싫고, 전세권자가 갖는 강력한 권한도 부담되기 때문이다.

　전세권이 어려우면 임차권이 차선이다. 임차권은 임대차 계약을 맺음으로써 임차인이 임대인에 대해 갖는 권리다. 민법 제618조에선 "임대차는 당사자 일방이 상대방에게 목적물을 사용, 수익하게 할 것을 약정하고 상대방이 이에 대하여 차임을 지급할 것을 약정함으로써 그 효력이 생긴다"라고 정의하고 있다.

임차권은 주택임대차보호법이나 상가건물임대차보호법에서 정하는 요건을 갖추어 대항력을 확보함으로써 임차인의 권리를 보호받을 수 있다. 사정이 어쨌든 임차인은 건물 소유자가 바뀌면 낭패다. 앞서 소유자와 맺은 임대차 계약으로 바뀐 소유자에게 임차권을 행사하는 게 포인트다. 그러려면 대항력을 확보해야 한다. 주택이라면 임차인이 건물을 인도받고 전입 신고를 해야 생기지만, 상가는 건물을 인도받고 사업자 등록을 마치면 발생한다. 별도로 등기를 하지 않아도 인정받을 수 있다. 물론 임차권을 등기해도 대항력이 발생한다.

꼼꼼한 스타벅스는 별도로 등기해서 권리를 명확하게 밝혀둔다. 임차권은 임대인 동의가 없어도 등기할 수 있다. 전세권은 임대인 동의가 반드시 필요한 것과 비교하면 수월하다. 다만, 그만큼 권리 행사 범위가 제한적이다. 임차권은 양도하지 못하고, 임대인 동의 없이는 다시 임대(전대)하지 못한다. 반대로 전세권은 이게 된다.

끝으로 근저당권을 보려면 저당권을 먼저 짚어봐야 한다. 민법 제356조에 "저당권자는 채무자 또는 제삼자가 점유를 이전하지 아니하고 채무의 담보로 제공한 부동산에 대하여 다른 채권자보다 자기채권의 우선변제를 받을 권리가 있다"라고 쓰여 있다. '우선변제' 권리가 주어지지만 조건이 있다. 저당권을 설정한 순서대로 변제 순위가

정해진다. 임차권은 주택임대차보호법이나 상가건물임대차보호법에 의해 우선변제권이 인정되지만, 건물을 경매에 부칠 수 있는 권리는 없다. 전세권이나 저당권은 건물을 직접 경매에 부칠 수 있는 권한이 주어져 임차권보다 힘이 세다.

그런데 저당권과는 달리 근저당권에는 허수가 등장한다. 등기부에 적는 근저당설정액(채권최고액)은 보통 실제 채무보다 더 많기 때문이다. 통상 채무의 120~140%다. 금융사를 예로 들면, 은행이 주택담보대출로 1억 원을 빌려주면 담보 부동산(집) 등기사항전부증명서에 1억 2,000만 원에서 1억 4,000만 원 상당을 채권최고액으로 해서 근저당을 설정한다. 이자나 지연손해금 등으로 받을 돈이 늘어날 것에 대비해 채무보다 채권최고액을 높게 설정한다. 채무 금액이 증감하더라도 근저당권이 계속 유지되고 채권최고액까지 보호받는다.

저당권은 담보되는 채권액이 정해져 있지만 근저당권은 채권최고액 범위 내에서 유지되는 게 다르다. 다만, 빚을 갚을 때는 근저당 설정액이 아니라 갚을 당시의 빚만 돌려주면 된다. 스타벅스가 임대 보증금보다 많은 액수를 채권최고액으로 해 근저당을 설정하더라도 놀라지 말라는 의미다.

보증금은 됐고요, 월세만 주세요!

우량 임차인을 만나는 것은 임대인으로서도 행운이다.
그래서 어떤 임대인은 스타벅스에서 임대 보증금을 아예 안 받기도 한다.
장기 계약으로 임대료 인플레이션이 걱정이면
'기간별 특약'을 활용하자.

스타벅스 마장휴게소점은 매출의 25%를 월세로 지급한다. 전국 정률 월세 평균 15%대보다 10%p 많은 파격적인 스타벅스 매장이다. 게다가 파격은 여기서 그치지 않는다. 이 매장 임차권 계약은 임대 보증금이 없다. 게다가 매출은 최소 월 5,000만 원이 하한이다. 설사 한 달 동안 커피를 단 한 잔도 못 팔더라도 월세는 최소 1,250만 원(매출 5,000만 원×25%)을 지급한다는 것이다. 이 매장의 건물 소유권자는 한국도로공사다.

겉보기엔 파격일 테지만, 마장휴게소의 이점을 두루 고려한 계약일 것이다. 경기 이천시 마장면을 지나는 중부고속도로에 있는 이 휴게소는 상행과 하행 차량이 모두 만나는 게 특징이다. 애초에 프리미엄 휴게소를 목표로 삼고 사람이 드나들기 쉽게 동선을 짰다. 수도권과 지방 그리고 동부와 서부를 십자가로 잇는 지리적 요충지라서 유동인구가 풍부한 편이다.

그런데 제아무리 목이 좋더라도 버는 돈의 4분의 1을 월세로 내라니 가혹해 보이기까지 하다. 원부자재비, 인건비, 매장 운영비 등은 스타벅스가 감당할 몫이다. 마장휴게소에 매장을 낸 맥도날드도 임차보증금 없이 매출 23%를 월세로 내지만 스타벅스보다는 싸다. 물론 천하의 스타벅스가 어련히 알아서 남는 장사를 하겠거니 싶지만, 2021년에 일어난 휴게소 셧다운은 모두에게 충격이었다. 마장휴게소 운영을 위탁받은 회사는 그해 6월 휴게소 영업을 일시로 중단했다. 고율의 임대료 부담 탓이라고 했다. 그때도 스타벅스 매장은 불이 꺼지지 않았다.

마장휴게소점은 임대인에겐 꿈의 매장이다. 유일하다시피 한 사례를 언급한 이유는 매장 고유의 개별성을 제시하고자 하는 까닭이다. 누차 이야기하자면, '임대차 계약의 조건은 임대인과 스타벅스 간에 합의로 정하는 것'이다. 우리가 조사한 매장 평균치는 의사결정을 거드는 큰 틀을 제시하는 것이다. 이 틀에서 서로가 양보하고 합의해서 세부 조율을 거치는 과정은 반드시 필요하다. 불가능해 보이는 계약이 실제로 가능하게 탄생한 사례를 짚어보면 스타벅스와의 협상 과정에서 참고할 만할 것이다.

임대 보증금 안 받을 테니, 월세만 달라

마장휴게소의 임대 보증금 '0원' 사례는 의외로 흔하다. 임차권 매장 183개 가운데 19개 매장은 임대 보증금을 전혀 받지 않는다. 매장 열에 하나꼴이다. 그 이유는 여럿인데, 우선은 '무조건 들어오라'는 적극적인 구애의 의미가 크다. 스타벅스 유치 자체로 건물 가치가 상승하리라는 기대 심리로 풀이된다.

실제로 스타벅스에 입점을 제안하는 숱한 임대인 가운데 임대 보증금을 원하지 않는 이들이 상당하다고 한다. 스타벅스로서도 다른 여건만 맞으면 '0원' 임대인을 마다할 이유가 전혀 없다.

임대 보증금 자체로 창출하는 수익이 들쑥날쑥한 것도 부가적인 이유다. 얼추 2억~3억 원을 보증금으로 받더라도 은행 예금이자(금리 3% 가정)는 연간 600만~900만 원이다. 여기에 이자소득세 15.4%(국세 14%+지방소득세 1.4%)를 적용해 떼면 507만~761만 원이고, 이를 월로 환산하면 42만~63만 원 수준이다. 물론 이보다 금리가 오르면 이자 수익은 증가하겠지만, 월세로 발생하는 수익에까지 영향을 미치긴 어려울 것이다. 반대로 나중에 금리가 내리지 말라는 법도 없지 않은가. 스타벅스를 들여 얻는 가치가 이자 수익을 넘어서리라고 판단하면 보증금에서 자유로울 수 있다.

스타벅스가 우량 임차인이라는 점도 작용한다. 임대인은 빌려준 건물을 온전하게 돌려받는 것이 관건이다. 정확히는 건물을 돌려받은 이후가 빌려주기 이전과 같은 상태여야 한다. 그런데 영업하다 보면 문턱도 닳고, 때도 타기 마련이다. 파손하거나 낡은 건 수리도 해야 한다. 사정이 여의찮으면 전기료나 가스비, 관리비도 밀린다. 계약이 만료한 임차인이 이걸 두고 떠나면 임대인은 낭패다. 임대 보증금은 이런 분쟁을 대비해 맡아두는 일종의 보험과도 같은 성격이다.

그러나 시장에서 검증된 임대인이라면 사정이 다르다. 이럴 땐 임대인이 수익을 양보하고 스타벅스가 신뢰를 제공하면, 서로 흐뭇하게 계약을 맺을 수 있다.

장기 임대 적극 활용하되, 단점 극복하려면 '기간별 특약' 고려

스타벅스가 우량 임차인인 또 다른 이유는 전세 기간이 상대적으로 길다는 점이다. 전국 스타벅스 매장 1,653개 가운데 확인한 전세 계약 건수는 2,113개(2000년 10월~2021년 12월 23일)다. 이들 매장의 계약 당시 계약 기간을 합산하면 1만 8,575년이다. 건당 평균 계약 기간은 8.79년, 계약 기간 5년 미만은 20건으로 전체의 0.9%에 불과하다. 거꾸로 말하면, 스타벅스 임대인 99.1%는 한번에 최소한 5년 이상 기간으로 임대차 계약을 맺는다는 의미다. 여기서 91.5%는 5년 이상~15년 미만이다. 15년 이상 되는 계약도 상당수(7.5%)다.

실제로 스타벅스도 되도록 장기 임대를 선호한다. 한국 스타벅스가 원하는 계약 기간은 최소 10년이 암묵적인 룰이라고 한다. 미국 스타벅스도 장기 계약을 선호한다. 2022년 4월 미국 증권거래위원회 (SEC)에 낸 1분기 보고서를 보면, "2022~2028년 임대를 시작하는 매장은 계약 기간이 10~20년"이라고 밝히고 있다. 현재(2022년 1분기) 전 세계 매장의 잔여 임대 기한은 8.5년이다. 한국 스타벅스 매장의 계약 평균(8.79년)과 아주 유사한 수준이다. 본사 영업 방식이 한국 계약 관행에도 영향을 미친다.

월세를 밀릴 일이 없는 우량한 임차인을 오래도록 두고 있으면 걱정이 없다. 그러나 이 대목에서 평가는 갈릴 수 있다. 어떤 임대인은 짧은 기간에 계약을 갱신하며 계약 내용을 자신에게 유리하게 끌어가고 싶을 수 있다. 실제로 월세는 오랜 기간 안정적으로 들어오지만 변동하지는 않는다. 주변 임대료 시세가 오르더라도 이미 맺은 계약은 번복할 수가 없다. 장기 임대는 때론 시장수익률을 초과하는 수익을 기대하기 어려울 수 있다.

이런 단점을 보완하고자 등장한 게 '기간별 특약'이다. 계약을 맺을 당시를 기점으로 특정 시점을 명기하고, 그 시점이 다가오면 이후부터 임대료를 얼마씩 올리기로 하는 약정이다. 정액이든 정률이든 몇 개월이 지난 이후부터는 월세 절대액과 월세 비중이 점증한다.

정률 매장을 살펴보면, 예컨대 대구 북구에 위치한 대구칠성DT는 보증금 2억 5,000만 원에 월세를 매월 순매출의 15% 지급하기로 하되, 10년(120개월) 이후부터 16%로 올리기로 약속했다. 이곳은 임대 계약을 15년간 맺은 중장기 매장이다.

정액 매장도 비슷하다. 경기 포천시에 있는 포천DT점은 임대 보

전국의 주요 기간 특약 매장

유형	매장명	개점일(오래된 순)	지역	계약 기간
정액	산본점	2007-09-15	경기	5
	대치사거리	2016-05-12	서울	7
	이촌	2017-09-29	서울	10
	포천DT	2017-12-07	경기	20
정률	대구성서IC DT	2015-11-19	대구	15
	부산교대역	2016-02-26	부산	7
	경주터미널DT	2016-05-23	경북	15
	을숙도강변DT	2016-06-30	부산	10
	대구중동네거리DT	2016-12-27	대구	14
	마곡나루역	2017-09-07	서울	7
	더종로R	2017-12-20	서울	10
	대구칠성DT	2018-02-27	대구	15
	다대포DT	2018-06-15	부산	15
	제천DT	2018-09-06	충북	15
	원주명륜DT	2018-10-24	강원	10
	논현역사거리	2018-11-23	서울	10
	판교알파돔타워	2019-03-29	경기	10
	부산광복로R	2019-08-20	부산	10
	을지로4가역	2019-11-14	서울	10
	풍무사거리DT	2020-03-20	경기	15
	용인언남	2020-05-20	경기	20
	용인보정DT	2020-06-26	경기	15
	대치삼성프라자	2020-10-08	서울	7
	선유도역 1번출구	2021-03-25	서울	10
	경상대칠암캠퍼스	2021-11-25	경남	7

164

보증금	월세	특약 내용
3	1,260	2년 후 월세 5% 인상
3	1,140	3년 후 8.6% 인상
2.5	900	3년, 7년 후 각각 5% 인상
4	1,000	5년, 10년, 15년 후 각각 5% 인상
2.5	15%	5년 후 16%로 인상
2	13%	3년 후 14%로 인상
3	15%	10년 후 16%로 인상
2	15%	5년 후 16%로 인상
2.5	15%	10년 후 16%로 인상
2.67	13.35%	5년 후 14.24%로 인상
3.5	16.5%	6년 후 17.5%로 인상
2.5	15%	10년 후 16%로 인상
미상	14%	10년 후 15%로 인상
2	14%	10년 후 15%로 인상
2	14%	10년 후 15%로 인상
3	13%	5년 후 13.5%로 인상
2.4	13%	6년 후 14%로 인상
3	13%	7년 후 14%로 인상
3	15%	5년 후 16%로 인상
4	14%	3년 후 15%로 인상
3.5	13%	5년 후 15%로 인상
3.5	13.5%	5년 후 14%로 인상
0	10.5%	2년, 4년 후 각각 1%p 인상
3	10%	5년 후 11%로 인상
2	10%	5년 후 11%로 인상

단위: 기간 년, 보증금 억 원, 월세 만 원 및 %

증금 4억 원에 월세 1,000만 원을 지급하기로 하고 20년 계약을 맺은 매장이다. 다만, 특약 사항으로 '5년부터 10년까지는 5% 늘린 1,050만 원을, 10년부터 15년까지는 여기서 5% 늘린 1,102만 5,000원을, 15년부터 계약 만료까지 또다시 5% 늘린 1,157만 6,000원을 지급'하기로 했다.

특약을 거는 시점은 5년, 10년, 15년 단위로 대중이 없다. 중요한 것은 특약으로 올릴 월세 폭이다. 물가가 장기로 오르면 5년마다 5%를 올리거나 10년마다 1%p를 올리는 게 성에 차지 않을 수 있다. 애초 계약에서 합의한 월세 수준을 시세 평균보다 넉넉하게 해서 이런 부족분을 채우는 것도 요령이라면 요령이다.

어디까지 알아보셨어요?
맞춰드릴게요, '묘약의 특약'

호텔 효자 노릇을 하는 수원이비스점이 탄생하기까지
산파 역할을 한 게 '사글세' 계약이다.
서로 의지가 있다면 권리를 양보하거나 제한하면서
의견 차이를 좁힐 수 있다.

경기 수원시에 있는 수원이비스앰배서더(호텔)는 2014년 눈물겨운 결정을 내린다. 1층의 레스토랑('르 빠르지엥') 문을 닫기로 한 것이다. 2008년 호텔을 오픈할 당시부터 직영으로 운영해온 프랑스풍 레스토랑이라서 애착이 컸기에 그만큼 아쉬움도 컸다. 부족한 매출을 끌어올리기 위한 결정이었다.

호텔은 크게 숙박과 외식을 주요 수입원으로 삼는다. 둘은 분리된 게 아니라 얽혀서 시너지를 낸다. 호텔을 찾은 투숙객이 호텔 식당을 찾아 식사를 만족스럽게 해결하면 안락함을 느낀다. 덩달아 식당은 매출을 올려 돈을 번다. 거꾸로 식당이 고객을 끌어들이면 개중에 일부는 투숙으로 이어진다. 호텔로서는 반길 일이다. 이런 기대가 현실이 되려면 호텔이든 식당이든 모두가 손님을 끌어들이는 파워를 가져야 한다. 적어도 어느 한쪽은 그래야 한다. 둘 다 아니라면 시너지가 아니라 독이다.

수원이비스앰배서더도 이런 맥락에서 매출이 맥을 못 쓰는 1층 식당을 닫기로 한 것이다. 호텔이 빠질 수는 없으니 부대시설인 식당을 교체했다. 그 자리에 외식업체를 들이기로 하고 대상을 커피로 압축했다. 여러 외식 커피업체를 접촉한 결과 스타벅스와 뜻이 통했다. 스타벅스 모객 파워를 끌어와 투숙객을 늘리고자 했다. 그렇게 되면 건물 가치도 상승하리라고 기대했다. 호텔은 이를 위해 영업 공간을 기존(252m²)보다 2배 가까이(449m²) 늘려서 스타벅스에 제공했다. 스타벅스가 들어오면 여기서 나오는 임대료 수익도 짭짤하다.

관건은 '임대료를 얼마 받을지'였다. 양측이 합의한 방안은 '사글세'다. 사글세는 일거에 목돈을 넘기고 차감하는 임대차 거래 방식이다. 스타벅스는 임대 보증금 명목으로 3억 원을 한번에 지급하고, 월 500만 원씩 5년(60개월) 동안 매장을 임차했다. 호텔은 3억 원을 한 번에 거둬 상대적으로 묵직한 임대료를 한번에 챙겼다. 자금력이 받쳐

수원이비스점

주는 스타벅스는 장기적으로 매장 운영 비용을 절약했다. 이런 과정을 거쳐 수원이비스점은 2015년 2월에 성공적으로 문을 열었고, 지금도 무탈하게 영업하고 있다.

이렇듯 특약은 계약이 성사하도록 유도하는 윤활유 역할을 한다. 수원이비스점도 호텔의 니즈와 스타벅스의 의도가 사글세를 징검다리로 맞물린 성공 사례다. 여타 갖가지 특약을 보면, 임대인과 스타벅스가 '특정 공간에 매장을 유치'하려는 의지가 읽힌다. 이들이 얼마나 애쓰는지를 알면 스타벅스와의 협상에 참고가 될 것이다.

계약엔 정답이 존재하지 않는다, 해답이 있을 뿐!

때론 임대인이 스스로 자기 권리를 제한하기도 한다. 임대인 A 씨는 스타벅스를 들이고자 계약서에 '임대인은 임차인(스타벅스)의 서면 동의 없이 제3자에게 임대인과 임차인이 체결한 권한을 이양 또는 대행하게 할 수 없다'는 조항을 넣는 데 합의했다.

이런 특약도 등장한다. 임대인 B 씨는 '(부동산을 매도하려는) 임대인은 계약상 권리, 의무 전부를 임대차 부동산 매수자에게 승계하는 조건으로 매각해야 한다. 그러지 않으면 임대인은 임차인의 손해액을 배상하라'는 것에 동의하고 사인했다. 손해는 인테리어 비용과 예상 수익이 해당한다. 예상 수익은 통상 최근 석 달 동안 평균 수익을 기준으로 남은 기간을 곱해서 산출한다.

계약 기간에 부동산이 팔리면 스타벅스는 낭패일 수 있다. 바뀐 임대인과 새로 협상해야 할지도 모른다. 최악의 상황에는 중간에 계약 파기를 요구할지도 모른다. 이런 사례가 더러 있어서 실제로 문제다. 물론 임대인이 계약을 파기하면 스스로 비용을 치러야 한다. 그러나 기꺼이 비용을 감당하고서라도 '방 빼'를 요구하기도 한다. 스타벅스가 비용을 보전받고 자리를 떠나겠지만 영업을 계속 못하는 게 더 치명적이다.

그러나 임대인으로서는 번거로운 작업이다. 최대한 맞춰줬는데 '내 멋대로 처분하지 못한다'는 특약에까지 동의하라는 것이다. 하지만 여기서 포인트는, 임대인이 번거로움을 무릅쓰고 스타벅스를 임차인으로 들였다는 데 있다.

늘 너그러운 임대인만 있는 건 아니다. 임대인 C 씨는 전세권 등기에 동의하되, 이런 내용을 삽입할 것을 요구했다. '전세권자(임차인, 스타벅스)는 전세권설정자(임대인)의 사전 서면동의 없이는 전세권의 양도 담보 제공 및 어떠한 처분행위를 할 수 없다.' 이처럼 전세권을 설정하면 전세권자는 임대 보증금을 회수하기 위해 적극적인 조처를 할 수 있다. 심하면 경매에 부쳐 매각하고 대금을 챙길 수 있는 게 전세권이다. 정 어려우면, 스스로 임대인이 되어 또 다른 임차인을 들일 수도 있다.

대부분의 임대인이 전세권 설정을 허락하는 데 인색한 이유는 이런 맥락에서 이해할 수 있다. 상당수 임대인은 재산권 침해라고 여길 수도 있다. 임차인이 임대인 의지와 상관없이 부동산을 처분해버리는 상황까지 몰릴 수 있는 까닭이다. 물론 이런 상황을 임대인이 자초한 것이라면 잘못이지만 말이다.

너그럽지 않은 임대인의 의도는 '형식상 전세권을 주고받고, 실질적으로 힘의 균형을 맞추면 임대를 허용하겠다'는 것이다. 이런 특약이 법률적으로 구속력을 가지는지는 해석이 갈리는데, 심하면 법정에서 가려야 한다. 우리가 주목할 대목은, 스타벅스도 열린 자세를 보인다는 점이다.

알고 있는 리스크는 더 이상 리스크가 아니다

스타벅스가 때론 양보하고, 또 때로는 굽히지 않는 이유는 크게 다음의 2가지다. 자의가 아니라 타의로 영업을 중단하는 상황을 피하려는 게 첫째이고, 최악의 상황에도 임대 보증금을 무사히 회수하려는 게 둘째다. 이런 맥락에서 특약은 스타벅스가 리스크를 미리 확정하고, 안전성을 재차 확인하는 작업이다.

특약에 기간별 임대료 인상, 권리 행사의 범위 등 갖가지 조건을 마련해두지 않았다면 불확실성은 상존할 수밖에 없다. 어느 날 바뀐 임대인이 나타나 '임대료를 올리겠다' '방을 빼라'고 할지 모른다. 정해진 장소와 기간에, 약속한 범위에서 비용을 치르리라는 예측이 엇나가면 사업은 불확실해질 수밖에 없다. 이런 매장이 많아지면 계산은 더 복잡해진다.

세상의 모든 리스크는 통제 불가능한 영역에 존재한다. 무엇이 리스크인지 모르는 상태가 리스크다. 리스크가 드러나고 누구든 인지하면 더는 리스크가 아니다. 준비하고 있다가 대응하면 된다. 그러려고 특약을 활용하는 것이다. 스타벅스는 철저하게 이런 원칙을 지켜온 결과 현재 국내 커피산업 1위 자리와 1,653개 매장(2021년 기준)을 운영하기에 이르렀다.

화장실이 중요합니다, 아주 상당히!

스타벅스는 '고객 회전'이 느리다. 오래 머물도록 유인하는 것인데,
그러려면 쾌적한 환경을 조성하는 게 중요하다.
화장실을 포함해 갖가지 요구가 깐깐하지만,
그래서 건물 가치가 오른다.

광역급행철도가 지나가기로 결정된 경기 지역에 2층 건물을 소유
한 A 씨. 위치가 외곽인 데다 낡고 볼품없다던 건물 가치가 뛰기 시작
했다. 주변 상가도 임대료가 오르고 공실이 주인을 찾았다. A 씨에겐
그간 받은 외면과 설움이 스쳤다. 이제 건물을 용도와 정도에 맞게 최
대한 활용하는 일만 남았다.

A 씨는 내친 김에 스타벅스 매장을 유치하고자 신청서를 넣었다.
열린 자세로 최대한 스타벅스의 요구를 맞추고자 했다. 임대료를 시
가에 맞추고, 전적으로 인테리어 협조를 하고, 건물 외관도 성심껏 꾸
미기로 했다.

스타벅스도 충분히 끌렸다. 해당 지역은 그간 공략이 뜸한 터라 신규 시장이었는데, 상권이 커가리라는 전망이 무리는 아니었다. 뭣보다 임대인이 호의적이라서 좋은 관계를 유지할 법했다.

결과는 불발이었다. 문제는 화장실이었다. 2층 건물에는 화장실이 하나뿐이었다. 건물을 지을 당시 편의시설을 넉넉하게 확충하지 못한 탓이다.

그때는 남녀가 화장실을 번갈아 쓰는 게 일상이었다. 그 공간을 아껴 상업용 공간으로 활용하는 게 우선이던 시절이다. 건물이 오래된 건 문제될 게 없다. 낡은 건 고치고 바꾸고 칠하면 된다. 그러나 화장실을 늘리려고 이리저리 시도했지만 여의찮았다. A 씨는 답답하기 그지없었다. 화장실을 증설하지 못한 것보다, '도대체 화장실이 뭐가 대수'란 말인가.

당신의 건물은
더 오래 머물 준비가 돼 있나요?

스타벅스의 생각은 A 씨와 정반대다. 같은 시공간에 놓인 남녀 고객이 화장실 하나를 나눠 쓰는 걸 상상조차 하기 싫다. 그간 스타벅스가 강조해온 브랜드 아이덴티티 '제3의 공간(The third place)'에서는 말도 안 되는 풍경이다. 집과 직장이 아닌 제3의 공간은 안락을 추구하고 편안함을 느낄 수 있어야 한다. 이런 기분이 들면 누구든 매장에 오래 머물고 싶을 것이다. 즉 스타벅스 매장은 오래 머물 공간으로 꾸미는 게 핵심이다.

사실 매장 고객을 느리게 돌리는 것은 모험이다. 외식산업은 소비가 발생하는 시간대가 좁은 편이다. 그런데 소비를 일으킬 공간은 매장으로 제한돼 있다. 한정된 시간과 제한된 공간에서 매출을 최대한 올리는 게 외식의 성패를 좌우한다(외식의 퀄리티를 비롯한 만족도는 논외로 한다). 점심시간대 손님이 긴 줄을 선 식당을 떠올려보라. 식당에 앉은 고객은 이 줄을 보노라면 느긋한 식사를 즐기기 어렵다. 게다가 그 줄이 제아무리 길어도 점심시간이 지나면 아무 소용이 없다.

그런데 스타벅스 매장을 떠올려보면 다르다. 매장에 너무 오래 머물렀다고 눈치를 본 적이 있던가? 고객이 몰려 줄을 서는 시간에는 내가 어서 자리를 비켜줘야 하는 건 아닌가, 싶은 적이 있던가? 없다. 괜히 '커피를 한 잔 더 마셔야 하는 게 아닌가' 눈치를 보는 게 외려 더 이상하다. 그렇기에 줄을 선 고객도 앉아서 일어서지 않는 고객이 전혀 얄밉지 않다. 이런 인식을 만들고자 스타벅스는 그토록 공을 들였다. 그래서 스타벅스는 늘 사람이 끊이질 않는다. 고객에게 안락함을 제공하고자 노력한 스타벅스의 '선한' 시도는, 적어도 외식산업의 '소비시간 핸디캡'을 극복하는 계기가 되었다.

오래 머무르는 상황은 인식만으로는 이뤄지지 않는다. 그럴 만한 환경을 만들어야 한다. 귀가 지겹지 않도록 직접 제작한 음악, 시선이 막힐 데 없는 통창형 외벽, 장시간 몸을 맡겨도 배기지 않는 가구, 이 모든 걸 묶어 편안한 분위기를 조성하는 인테리어와 조명. 그리고 가장 중요한 게 화장실이다.

단순히 생각해도 커피를 마시면 화장실 가는 일이 잦을 수밖에 없다. 카페인이 이뇨작용을 일으키기 때문이다. 이럴 때마다 남녀가 화장실에서 마주하고, 하다못해 밖에서 줄을 서며 교차하는 상황이 일어난다고 치자. 고객이 안락과 편안을 느낄 수 있을까? 그러기는커녕 고객은 매장에 오래 머물지 않고 떠날 것이다. 스타벅스가 브랜딩한 제3의 장소는 구현하기가 어렵다.

이런 배경에서 스타벅스는 종종 계약에서 '화장실이 더러우면 월세를 지급하지 않는다'는 조건을 건다고 한다. 단독 건물이든 상가 건물이든, 건물 관리는 임대인이나 상가관리(사무)소가 맡는다. 그런데 스타벅스 고객은 화장실이 더러우면 스타벅스 탓이라고 생각한다. 사실은 그렇지 않다. 스타벅스는 임차인이기 때문에 화장실을 청소할 이유도, 권한도 없다. 그러나 고객에게 설명하고 오해를 풀고 할 틈이 없다. 고객이 그렇게 생각하는 게 중요한 것이다.

'화장실 특약'은 집합건물에서 더 깐깐하게 요구된다고 한다. 이런 건물의 화장실은 여러 대상에 노출돼 위생관리에 상대적으로 취약하기 때문이다. 정확히 집계하기는 어렵지만, 실제로 상당수 임대인이 이 조건에 합의하고 계약을 맺은 상황이다. 스타벅스가 임대료를 지급하지 않으려는 의도가 아니라는 걸 알기에 수용한 것이다.

만약 건물주인 독자가 스타벅스를 계약 상대방으로 만나게 되면, 화장실에 진심이라는 것을 넘치도록 어필하시라. 그러면 후회할 일은 없을 것이다.

하자는 대로 하면
손해는 안 본다니까!

부동산업계에서는 스타벅스를 '최고의 건물관리인'이라고 칭한다. 요구가 깐깐하기는 해도 하나둘 들어주다 보면 어느새 건물이 말끔해진다는 것이다. 화장실만 깨끗해도 그 건물은 인상이 좋아진다. 여기에 건물 외벽을 정리해 스타벅스 간판을 가리지 않을 것, 가로변을 정비해 외관이 말끔할 것, 외벽은 내외부에서 바라보기에 막힘없이 넉넉한 통창을 달 것 등등까지 사실 임대인이 스스로 하더라도 손해 볼 게 없는 것들이다.

이러저러한 평계와 비용 때문에 미루고 있던 걸 스타벅스를 만난 김에 풀어가는 것이다. 처음에는 비용 문제이지만 상승한 건물 가치와 비교하면 남는 장사다. 그래서 스타벅스를 부동산 컨설턴트로 여기는 임대인도 상당하다고 한다.

하지만 모든 임대인이 스타벅스의 요구를 기꺼이 받아들이는 것은 아니다. 상수도와 전기 배전을 늘려달라, 독립적인 출입구를 따로 만들어달라 등 여타 임차인이 하는 요구와는 차원이 다르다. 서울 시내 요지에 건물을 가진 B 법인은 깐깐한 요구 탓에 매장 출점이 무산된 사례다. 이 사례의 관건은 출입문을 추가로 증설해달라는 요구였다. 스타벅스 측은 건물 출입구가 하나라서 매장을 드나드는 고객 동선이 꼬이는 것을 결격 사유로 삼았다. 대부분의 스타벅스 매장은 이런 이유에서 별도 출입문을 갖는 게 일반적이다. 그러나 B 법인 측은

별다방점

또 다른 출입문을 내면 건물 출입자를 통제하지 못한다는 이유로 스타벅스의 요구를 들어주기 어렵다고 했다. 결국 양측은 입장 차이를 좁히지 못해 협상은 결렬됐다.

스타벅스가 스쳐간 B 법인의 건물에는 현재 다른 커피 브랜드가 입점해 있다. 이 브랜드 매장 중에서 이곳은 매출 기준으로 수위권에 오른 것으로 전해진다. 외부로 난 추가 출입문은 없는 상태다. 스타벅스가 2021년 3월 출점한 별다방점은 외부 출입문이 없어 눈길이 간다. 앞서 B 법인과 협상이 결렬된 게 무색할 정도다. 심지어 이 매장은 본사가 들어선 서울 중구 스테이트타워남산 빌딩에 있어 상징적인데도 그렇다. 출입문 여부를 출점의 절대 조건으로 보기 어려운 게 아닌가 싶지만, 스타벅스는 여전히 독립된 출입문을 고집하고 있다.

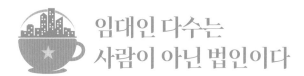

임대인 다수는
사람이 아닌 법인이다

동탄역점 소유주는 주식회사 생기지대인데,
이 회사의 설립자는 피겨여왕 김연아 씨다.
개인보다 법인으로 부동산을 소유하는 이점과 한계가
무엇인지 따져야 정교한 의사결정을 내릴 수 있다.

경기 화성시에 2017년 9월에 문을 연 스타벅스 동탄역점의 건물
주는 김연아 씨다. 피겨여왕 김연아 씨와 동명이인이 아니라, 우리가
아는 그 김연아 씨가 맞다.

그런데 상가 소유주만 보면 건물주가 누군지 대번에 알기가 어렵
다. 실제 소유주는 주식회사 생기지대다. 이 회사 등기 임원이자 대표
이사가 김 씨다.

김 씨가 2012년 회사를 설립하면서 신고한 사업 목적은 부동산 중
개업과 임대업이다. 그러면서 김 씨의 부친이 등기 임원으로 이름을
올렸다.

동탄역점

　김 씨가 부동산 사업을 시작한 것은 이때가 처음은 아니다. 인천 연수구에 있는 커넬워크 상가를 분양* 받은 게 이미 2010년이라는 건 공연한 사실이다. 투자 목적이었고 개인 자격이었다.

　그런데 수년 후에는 회사를 세우고, 가족이 회사에 합류했다. 법인을 설립하려면 여러 법적 절차를 밟아야 한다. 설립하기가 까다롭고, 비용이 발생한다는 의미다. 이걸 감수하면서까지 개인이 아니라 법인이 된 데에는 이유가 있을 것이다. 그렇지 않고서야 본사가 있는 인천 연수구에서 멀리 경기 화성시까지 주식회사 생기지대가 건너왔을 리가 없잖은가.

　당사자가 아니고서는 그 이유를 정확히 헤아리기란 어렵다. 다만, 합리적인 방식으로 유추해볼 수는 있다.

....

* 아시아경제 2010년 3월 10일 기사 〈[단독] 김연아, 인천 송도에 투자하다…성공할까?〉 외 다수

김연아 씨가 법인을 설립한 이유는 '절세'

가장 유력한 동인은 '절세'다. 세금은 과세표준[**]을 정해서 매긴다. 개인은 여기서 최소 6%부터 최대 45%까지를 소득세로 낸다. 한 해 과세표준이 10억 원을 초과하면 최대 세율을 적용받는다. 그러나 법인은 법인세율 최저 10%에서 최고 25%까지를 적용받는다. 최고 세율 25%는 과세표준이 3,000억 원을 초과해야 적용된다. 엔간히 매출이 발생하는 기업이 아니고서는 최고 세율을 적용받지 않는 것이다.

예컨대 김 씨와 주식회사 생기지대가 올해 과세표준을 20억 원으로 가정하고 세금을 단순히 산출해보면, 개인과 법인의 세금이 얼마나 차이가 나는지 금세 알 수 있다. 김 씨는 과세표준 20억 원 가운데 10억 원까지는 3억 8,460만 원, 초과하는 금액 10억 원에 대해서는 세율 45%를 적용받아 4억 5,000만 원이 발생한다. 소득세 합계는 8억 3,450만 원이다. 주식회사 생기지대는 과세표준 20억 원에서 2억 원까지는 세율 10%를 적용받아 2,000만 원이, 나머지 18억 원은 세율 20%를 적용받아 3억 6,000만 원이 각각 발생한다. 각각 소득세와 법인세 차이는 4억 7,450만 원이다. 주식회사 생기지대가 2년 동안 낼 세금보다 많은 금액을 김 씨는 1년 만에 내야 하는 것이다.

....

[**] 세금을 부과하는 대상 금액. 개인은 소득에서 공제항목을 제외하고, 법인은 매출에서 경비 등을 빼면서 각각 구한다.

개인과 법인의 세율 비교

개인 종합소득세			법인세		
과세표준	세율	정액 가산	과세표준	세율	정액 가산
1,200만 원 이하	6%	0원	2억 원 이하	10%	0원
1,200만 원 초과 ~4,600만 원 이하	15%	72만 원	2억 원 초과 ~200억 원 이하	20%	2,000만 원
4,600만 원 초과 ~8,800만 원 이하	24%	582만 원	200억 원 초과 ~3,000억 원 이하	22%	39억 8,000만 원
8,800만 원 초과 ~1억 5,000만 원 이하	35%	1,590만 원	3,000억 원 초과	25%	655억 8,000만 원
1억 5,000만 원 초과 ~3억 원 이하	38%	3,760만 원			
3억 원 초과 ~5억 원 이하	40%	9,460만 원			
5억 원 초과 ~10억 원 이하	42%	1억 7,460만 원			
10억 원 이상	45%	3억 8,460만 원			

출처: 국세청

　여기에는 과세표준을 줄이는 데 유리한 변수를 포함하지 않은 것이다. 법인은 비용을 경비로 돌리기에 유리하다. 경비는 사업을 하면서 발생하는 불가피한 비용으로 쳐서 과세표준에서 뺀다. 법인은 세금을 덜 낼 요인이 많다는 의미다. 하지만 개인은 그렇지 않다.

　유명인 사례는 참고할 만하다. 여배우 김태희 씨는 배우자 정지훈 씨와 함께 강남역 인근 빌딩을 920억 원에 매입***했다. 매입 주체는 유한회사 프레시티지투에셋으로 알려졌다. 이 회사는 김 씨가 대표이사다. 시장에서는 이들 부부가 회사를 통해 부동산을 사들인 것이 절세 목적이라는 데 큰 이견을 달지 않는다.

부차적이지만, 법인은 당사자 신분을 드러내지 않아 고려 대상이 되기도 한다. 법인 등기사항전부증명서를 보거나 주주 명부를 확인하지 않으면 대표이사 외에는 법인에 관여한 개인을 알기 어렵다. 세상에는 굳이 이름과 정체를 드러내고 싶지 않은 이들도 있기 마련이다. (앞서 언급한 김연아 씨와 김태희-정지훈 부부가 그렇다는 이야기는 아니다.)

법인은 부(富)의 이전에도 활용할 여지가 있다. 가족을 법인의 주주로 만들고 수익을 배당하는 것이다. 배당 소득세를 내겠지만 증여세는 다소 빗겨갈 수 있다. 법인은 개인보다 대출에 자유로운 것도 강점이다. 법인으로 소유한 부동산은 개인 명의 부동산으로 치지 않는다. 법인 임직원은 근로소득으로 건강보험료를 내는 까닭에 자산을 기반으로 내는 지역가입자보다 보험료를 아낄 수도 있다.

법인 주주는 회사가 진 채권에 대한 책임 소재도 적(거나 혹은 없)다. 말썽이 일어나도 최악은 가지고 있는 주식이 휴지 조각이 되는 것뿐이다. 회사 빚을 떠안아야 하는 것은 아니다. (물론 회사 채무에 연대보증 약정 등을 하면 이야기가 다르다.) 상장 폐지된 상장사의 주주에게 회사 빚을 갚을 의무는 없다. 그러나 개인 사업자는 사업하다가 탈이 나면 빚더미에 앉

....

*** 뉴스엔 2021년 7월 10일 기사 〈[단독] '300억 시세차익' 비, 이번엔 서초동 8층 빌딩 920억 매입〉 외

는다. 회생이나 파산하지 않는 이상 빚은 갚을 때까지 계속 따라다닌다. 여러 명이 동업하면 여러 명을 따라다닌다. 주주는 그렇지 않다.

거창한 듯하지만 법인이 특정인의 전유물은 아니다. 서울 동대문구에 있는 3층짜리 건물 사례를 보자. 이 건물은 대학 상권이 뒷받침하는 데다가 대학병원 이용객까지 흡수하는 요지에 위치한다. 이 건물의 1층에 2010년 스타벅스가 들어섰다. A 씨는 2009년에 이 건물을 사들여 1년 만에 스타벅스를 유치하는 수완을 발휘했다. 이 건물 소유주는 2014년 주식회사 B로 바뀌었다. 등기원인은 매매가 아니라 현물출자였다. A 씨가 건물을 주식회사 B에 판 게 아니라, 주식회사 B에 건물을 자본으로 출자하고 주주가 되었다. 전남 순천시에 매장을 둔 C 씨도, 서울 강동구에 매장을 가진 D 씨도 사업을 하다가 이런 식으로 법인으로 전환한 케이스다. 처음부터 법인을 세워서 건물을 사들인 케이스도 허다하다.

실제로 스타벅스 임대인 다수는 법인이다. 매장 1,653개 소유권을 가진 3,225명 가운데 비(非)개인(법인)이 1,020명****이다. 3명당 1명(31.6%)꼴이다. 대부분은 주식회사(871명)이고, 유한회사(52명)가 뒤를 잇는다. 이런 회사들 가운데 이마트와 같은 이해 당사자와 상장사와 같은 대기업도 있지만, 1인 기업 혹은 가족 기업 형태로 이뤄진 법인도 상당수다.

....

**** 신탁사에 맡긴 물건은 원래 소유주가 누군지 따져서 셌다. 예컨대 C 씨가 D 은행에 신탁한 물건은 개인으로, E 주식회사가 F 은행에 맡긴 물건은 E 주식회사로 분류하고 비개인 몫으로 쳤다.

법인 이점이 수두룩한데
다수는 왜 개인에 머무를까?

그렇다면 개인을 고집하는 나머지 열에 일곱은 바보란 말인가? 그게 아니라 선택의 문제다. 법인의 한계와 개인의 이점을 따져보면 무조건 회사를 세우는 게 능사는 아니다. 우선 법인은 운영이 까다롭다. 개인 사업자는 자금을 자유자재로 쓰지만, 법인은 안 된다. 어디에 얼마큼을 어떻게 썼는지, 언젠가는 밝혀 장부에 적어야 한다.

자신이 100% 지분을 가진 회사라 하더라도 회삿돈은 회삿돈이다. 맘대로 쓰면 횡령죄로 형사처벌을 받을 수 있다. 게다가 법인을 세우거나 폐지하려면 비용도 든다. 이런 번거로움과 비용을 감수하고서라도 개인이 법인(회사)이 될지는 따져볼 사안이다.

법인 설립 시의 장단점

장점	단점
소득세 절세 효과 (과세구간 표 참조)	취득세 중과
개인신상 노출 회피	법인 설립에 필요한 자본금 및 서류 절차 필요
지역가입자 대비 건강보험료 낮음	법인 대표로 활동 시 근로수당, 배당수당 별도 과세
가족 등을 주주로 올리고 배당으로 수익 분배 가능	장기 보유에 따른 양도소득세 공제효과 없음
개인보다 대출 자유롭게 이용	

아울러 상업용 부동산을 매입하면 개인보다 취득세가 더 세다. 개인은 4.6%인데 법인은 9%가 넘는다. 또한 법인을 설립하려면 자본금이 들어간다. 자본금을 적게 할 수 있지만, 초기에 상대적으로 자금력이 달리면 그래도 부담일 수밖에 없다. 법인세율이 소득세율보다 낮은 게 착시일 수도 있다. 부동산 투자 법인을 세우고 대표로 일하면서 받는 근로소득과 배당금에도 소득세가 붙는다. 여기에 법인세를 또 별도로 내야 한다. 조삼모사가 될 수 있다는 의미다.

건물을 얼마나 오래 보유할지도 변수다. 양도소득세 때문이다. 개인은 15년 이상 보유한 상가 건물을 매도하면 양도소득세의 30%를 공제받는다. 반면에 법인은 양도소득세에도 법인세와 같은 공제율이 적용된다. 투자한 부동산이 얼마나 오를 것으로 예상하는지, 그리고 얼마나 보유할 계획인지는 법인화를 결정하는 데 있어 주요한 관건이다. 이점과 단점을 고려하면, 누군가에게 법인은 정답이 아니라 해답에 가까울 것이다.

한 곳으론 성이 안 차!
스타벅스 복수 소유자

하나 갖기도 어려운 스타벅스를 2개 가진 임대인도 있다.
배우 하정우 씨는 여태 매장을 3개나 운영했다.
스타벅스도 같은 임대인과 또 일하는 걸 선호한다.
처음에 계약하기가 어려울 뿐이다.

웬만한 자산가라고 할지라도 원하는 임차인을 속속 골라 효율적으
로 부동산을 운영하는 건 어려운 일이다. 하물며 스타벅스를 유치하
는 것은 하늘의 별 따기만큼이나 어렵다. 스타벅스는 1,500개가 넘는
매장을 운영하며 쌓인 비법을 바탕으로 쌓아온 데이터가 있다. 그들
이 원하는 상권, 유동인구 등에 부합하지 않으면 스타벅스는 꿈쩍도
하지 않는다.

실제로 모 자산가는 자신이 보유한 건물에 스타벅스를 들이고자
수십 번, 수백 번 상담 요청을 했지만 거절당했다고 한다. 무일푼으로
상경해 서울의 버젓한 상권에 빌딩도 가질 정도로 집념이 강한 데다,

'열 번 찍어 안 넘어가는 나무가 없다'는 심정으로 꾸준하게 구애를 해 지금의 아내를 만날 정도로 고집도 있다. 다만, 그의 갖은 노력도 스타벅스의 마음을 돌릴 수는 없었다.

그런데 이토록 '알현'하기도 어려운 스타벅스를 2곳 이상 임차해 성공한 '괴수'들도 존재한다. 40대에선 3명, 50대에선 6명, 60대에선 10명에 달했다. 연령대가 올라갈수록 쌓아 올린 경제적 여유가 커지다 보니 스타벅스 임대에 성공한 건물을 복수로 소유한 자들의 수도 늘어나는 것이다.

그들이 단순히 목이 좋은 빌딩을 여러 채 보유한 '슈퍼 리치'였기 때문에 스타벅스를 여러 곳 가지고 있는 것일까? 그렇지 않다. 스타벅스 등 우량 임차인을 유치하고자 항상 눈과 귀를 열어두고 주변의 성공 사례를 참고해 정보 수집에 적극적으로 나서는 노력이 뒷받침되지 않았다면, 그들이 부동산 성공기를 써내려가는 것은 한참 후의 일이었을지도 모른다.

조금 비싸지만 안전하게!
스타벅스 입점 건물 매수

대표적인 '스타벅스 복수 건물주'로 꼽히는 인물은 1978년생 김성훈 씨다. 이름을 공개하면 독자들도 너무나 잘 알고 있을 유명인이고, 배우 김용건 씨의 아들이자 충무로가 흥행 보증수표로 꼽는 영화배우다. 그의 예명은 바로 하정우다.

하정우 씨는 2002년 시트콤 〈똑바로 살아라〉로 브라운관에 데뷔한 이래 20년 넘게 TV와 영화를 오가며 잇따라 흥행작을 터뜨리는 거물급 배우로 성장했다. 당장 그가 후임의 군기를 잡는 선임 병사로 등장하는 독립영화 〈용서받지 못한 자〉도 아직 세간에 회자할 정도이며, 연쇄살인범 연기를 한 〈추격자〉, 부산 건달 역할을 소화한 〈범죄와의 전쟁〉 등은 상당한 흥행 성공을 거뒀다.

하 씨는 출연 수입으로 얻은 대규모 수익을 허투루 낭비하지 않았다. 그는 주변의 조언과 독학을 통해 자신만의 부동산 투자 전략을 세웠고, 이를 바탕으로 조용히 자신의 건물을 한 채, 두 채 늘려나갔다.

그의 부동산 투자 전략은 매우 어렵지만 안정적이고 성공할 수밖에 없는 공식을 띠고 있었다. 그 공식은 스타벅스가 입점해 있는 건물을 사들이는 것이다. 스타벅스가 들어선 건물은 프리미엄이 붙고, 당연히 주변보다 시세가 비싸다. 하지만 그는 돈을 더 주더라도 우량 임차인을 유치하는 수고로움을 덜고 안정적인 수익을 올리는 방안을 택했다.

우리가 살펴본 등기사항전부증명서에 따르면 현재 하 씨는 강원도 속초시에 있는 스타벅스 속초중앙로점, 서울 송파구에 위치한 송파방이DT점, 이렇게 두 곳을 보유하고 있다. 한 곳도 갖기 어렵다는 스타벅스 매장을 2곳이나 가진 셈이다.

그의 전략은 맞아떨어졌다. 그는 스타벅스를 유치한 건물을 사들이고 몇 년 뒤에 되파는 형식으로 상당한 매매 차익을 거둘 수 있었다. 본래 그는 스타벅스 매장을 3곳 보유하고 있었다. 지하철 9호선

<table>
<tr><td>속초중앙로점</td><td>송파방이DT점</td></tr>
</table>

등촌역과 5호선 목동역 사이에 위치한 스타벅스 화곡DT점도 그의 소유였다.* 해당 건물은 2016년 11월부터 15년간 스타벅스가 DT 매장을 운영하는 조건으로 통으로 임대했다. 하 씨는 2018년 7월에 이 건물을 73억 3,000만 원에 사들였다가 2021년 3월 119억 원에 매각했다. 3년도 안 되는 기간에 건물값은 45억 7,000만 원이나 수직 상승한 것이다.

　하 씨는 아직 나머지 스타벅스 매장 2곳을 잘 운영하고 있다. 특히 송파방이DT는 강남3구를 통틀어 가장 매출이 높다고 알려져 있다. 일반적으로 스타벅스 DT 매장이 월 1억 원 이상의 매출을 올리고, 적게는 매출의 12~13%가량을 임차료로 지급한다는 점을 고려하면 하 씨는 이 건물에서만 1,500만~2,000만 원에 가까운 임대 수익을 올리고 있을 것으로 추정된다. 그가 이 건물을 2019년 1월 127억 원에 사들였으니, 매매차익이 얼마나 될지는 가늠하기 어렵다.

....

*　한국경제 2019년 6월 28일 기사 〈하정우 건물주, 연예계 '스타벅스 빌딩' 갑부 탄생 "강남3구 1위 매장"〉

'내가 개발하면 그만!', 개발한 빌딩을 연달아 유치 성공한 고수

하 씨와는 달리 자신의 전략적 판단을 믿고 건물을 매입한 뒤 스타벅스 유치에 성공한 '복수 소유자'도 눈에 띈다.

1958년생 김모 씨는 스타벅스 분당궁내DT점과 스타벅스 양주옥정공원점이 입점한 건물을 소유하고 있다. 두 건물은 모두 김 씨가 지인 또는 '가족으로 보이는 인물과 함께 공동으로 보유하고 있다. 그는 '계란을 한 바구니에 나눠 담지 말라'는 유명한 투자 잠언을 새겨들었다. 한 건물을 홀로 무리하게 소유하기보다는 다른 이와 더불어 투자를 추진해 혹시 모를 리스크를 분산했다.

그는 지인 송모 씨와 함께 2020년 자신의 거주지 근처인 경기도 성남시 분당구 궁내동에 3층 높이의 건물을 세웠다. 해당 건물은 완공되기 무섭게 스타벅스가 입점했다. 스타벅스 분당궁내DT점이다. 일반 매장보다 매출이 높은 데다, 이미 포화 상태인 오피스 상권을 피

분당궁내DT점

양주옥정공원점

해 DT 확장을 노리던 스타벅스의 전략을 꿰뚫어본 최고의 한 수였다.

스타벅스 궁내DT점 입점에 성공했지만, 김 씨는 하나를 유치하는 데서 멈추지 않았다. 스타벅스 궁내DT점과 전세권 설정 계약을 맺은 지 한 달도 지나지 않아 경기도 양주시 옥정동에 위치한 5층짜리 상가 건물에서 6개 호실을 가족과 함께 사들였다. 그리고 이듬해 또다시 자신이 보유한 상가 6개 호실 전부를 스타벅스에 빌려줬다. 현재 해당 상가는 스타벅스 양주옥정공원점으로 탈바꿈해 성황리에 영업 중이다.

스타벅스 복수 건물주가 노회한 자산가이거나 거물급 중견 연예인일 거라는 건 어디까지나 단견이다. 이제 막 초등학교를 졸업한 2009년생 가운데도 복수 건물주가 있다. 경남 사천시에 거주하는 이모 군은 진주칠암DT와 경남사천DT가 들어선 건물에 각각 공동소유자로 이름을 올리고 있다. 진주칠암DT는 아버지와, 경남사천DT는 어머니와 함께 보유 중이다.

스타벅스 내외부 상황에 정통한 한 관계자는 스타벅스 복수 소유

경남사천DT점

진주칠암DT점

에 대해 이렇게 말한다.

"고기도 먹어본 사람이 잘 먹는다고 하잖아요? 스타벅스도 유치해본 사람이 잘 유치합니다."

스타벅스 점포개발팀은 상권 분석과 동향 파악 능력이 국정원 저리 가라 할 정도라고 한다. 이런 난공불락과도 같은 스타벅스를 한번 공략했던 경험은 향후 자신의 다른 건물에 스타벅스를 유치할 때 훌륭한 자산이 된다. 스타벅스 또한 한번 손잡은 적 있는 건물주를 선호한다.

결국 스타벅스를 복수로 보유하고 있는 건물주들이 거머쥐는 것은 단순한 임대수익 및 매매차익이 아니다. 국내 1등 커피 브랜드와의 끈끈한 신뢰관계, 그것이야말로 그들이 부를 늘리는 핵심이라 할 수 있다.

누구나 건물주이기를 바라지만, 누구나 건물주는 아니다. 그렇다면 이 책은 괜히 헛물을 켠 걸까? 그렇지 않다. 스타벅스가 원하는 공간을 마련할 여력이 안 된다면, 여럿이 뭉치면 된다. 이마저도 어렵다면 스타벅스 건물주에게 투자하면 된다. 이건 전혀 어렵지 않다. 5장에서는 오늘 지불한 스타벅스 커피값이 내일 내게로 돌아오는 구조를 알아본다.

5장

커피 한 잔 가격이면
나도 스타벅스 건물주!

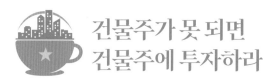

건물주가 못 되면 건물주에 투자하라

수십억 원을 호가하는 스타벅스 입점 건물을 사는 게
불가능하다고 생각하는가?
그렇다면 스타벅스를 소유한 회사에 투자해보자.
내 투자 배당금엔 스타벅스가 낸 임대료가 고스란히 반영될 테니!

스타벅스 건물주가 되기 위한 다양한 투자 전략이 있지만, 이를 위해선 부동산을 사들일 수 있는 최소한의 종잣돈이 필요하다. 여기에 정부 주도로 부동산 투자를 억제하기 위한 다양한 제도가 시행되었고, 최근에는 전 세계적인 물가 상승으로 인해 빚을 내는 것 또한 언감생심인 상황이 되었다. '스타벅스 건물주 되기'가 요원하게 느껴지는 이유다.

그래도 대안은 있다. 스타벅스 건물을 운용해 부동산 수익을 안정적으로 올리는 기업에 투자하는 것이 하나의 방법이다.

스타벅스를 노리는 건 개인 자산가뿐만이 아니다. 수차례 강조한 부분이지만, 스타벅스는 그 존재만으로도 상권을 활성화시킬 힘이 있는 브랜드이기 때문이다.

부동산 투자에 관심 있는 사람이라면 스타벅스에 군침을 흘리는 건 당연하다. 사람이 아니라 기업이나 금융기관이 설정한 펀드도 적잖게 스타벅스 건물주로 군림하고 있는 이유다.

국내 스타벅스 건물주 가운데 비개인, 즉 법인이나 펀드, 지자체 등은 1,020명이다. 법인 형태 가운데 주식회사가 870개로 85%를 차지한다. 주식회사 가운데 상장사는 비상장사보다 주식을 사기가 쉽다. 주권 매매 가격도 시장에서 수요와 공급에 따라 형성되니 나름 '합리적인 수준'이다. 최소한 이 회사가 뭐 하는 곳인지 알아볼 방법도 열려 있다. 분기·반기·사업보고서와 공시는 연중무휴로 금융감독원 전자공시시스템(다트)과 한국거래소 상장공시시스템(카인드)에서 열람할 수 있다.

스타벅스 모회사이자 유통 대장주, 이마트의 저력

법인 임대인 가운데 가장 자주 눈에 띄는 곳은 이마트다. 스타벅스의 한국 영업을 담당하는 SCK컴퍼니(옛 스타벅스코리아)는 한국에서 신세계그룹 계열사가 운영하는 백화점·마트 건물에서 쉽게 찾아볼 수 있다. 실제로 이마트가 운영하는 야구 구단인 SSG랜더스가 사용하는 SSG랜더스필드(옛 인천문학구장)에는 2021년 기준으로 스타벅스가 2곳

SSG랜더스필드1F점

(SSG랜더스필드점·SSG랜더스필드 1F점)이나 입점해 있다.

2021년 이마트가 싱가포르투자청(GIC)을 백기사로 끌어들이면서 SCK컴퍼니 지분율을 50%에서 67.5%로 끌어올렸다. 지분 50%를 보유했을 당시에는 연간 300억 원의 배당금을 받는 데 그쳤지만, 향후 백기사인 GIC로부터 남은 12.5% 지분을 확보해 완전 자회사로 탈바꿈하면 연간 2조 원에 이르는 매출과 10%를 웃도는 영업이익률이 이마트의 재무제표에 반영된다. 즉 회사의 실적이 개선되는 효과가 나는 셈이다. 이마트 자회사 대부분이 적자를 기록한 2022년 1분기에도 스타벅스가 나 홀로 290억 원에 달하는 영업이익을 내며 효자 노릇을 톡톡히 하는 상황이라서 모회사의 재무 건전성이 개선되리라는 기대감이 크다.

스타벅스를 끼고 있는 이마트야 스타벅스의 성장에 따른 수혜를 직접 받기 때문에 투자해볼 가치가 있다는 의견은 수긍할 만하다. 또한 이마트 측은 GIC를 우군으로 맞으면서 향후 5년 이내에 SCK컴퍼니를 상장하려는 계획도 전달한 것으로 알려졌다. 조만간 우리는 스타벅스가 임차한 건물이 아니라 스타벅스에 직접 투자할 수도 있을 것이다.

다만, 이것은 아직 오지 않은 미래의 일이다. 우리는 스타벅스 건물주가 되고 싶고, 그러지 못하기 때문에 상장사 주식에 관심을 갖는 것 아닌가. 그렇다면 여기서 한 가지 의문이 든다.

"도대체 '상장사 주식 투자'와 '스타벅스 임대료 받기'는 무슨 상관이 있지?"

당신이 마신 커피 한 잔,
배당금으로 돌아온다

커피 한 잔과 배당금의 관계를 이해하려면 상장사의 수익 분배 구조를 먼저 이해해야 한다. 상장사는 회계연도 결산이 다가오면 이사회를 연다. 여기서 한 해 동안 손에 쥔 순이익을 주주에게 얼마나, 어떻게 돌려줄지 고민한다. 회사마다 얼마나 많이(배당 성향) 그리고 자주(분기, 반기, 연간) 할지 차이가 있지만, 큰 틀에서 '주식 1주당 현금으로 얼마를 배당'하는 방식이 일반적이다.

우리가 주목할 부분은 '배당에 쓸 순이익이 어떻게 발생하는가'이다. 순이익은 회사의 영업이익에서 법인세와 금융비용 등 영업 외 비용 따위를 빼서 산출한다. 순이익의 기초가 되는 영업이익은 매출액에서 원가와 판매비 등 영업비용을 뺀 것이다. 회사가 스타벅스에서 받은 임대료는 영업이익에 포함된다. 이를 간단히 정리해보면 '스타벅스 임대료 → 영업이익 → 순이익 → 배당'이라는 흐름이 형성되는 것이다.

충정로역점

길을 걷다 보면 스타벅스가 입점해 있는 건물이 특정 기업의 본사로 사용되는 경우를 종종 볼 수 있다. 충정로역 인근에 있는 방산 기업 풍산의 본사 건물인 '풍산빌딩'이 대표적이다.

풍산은 2021년 순이익 2,433억 원을 냈는데, 여기에는 스타벅스에서 받은 임대료도 포함되어 있다. 풍산은 순이익에서 280억 원을 주주에게 현금으로 배당하기로 했다. 1주당 배당금은 1,000원이다. 풍산 주주가 충정로역점에서 아메리카노를 마셨다면, 커피값이 임대료에 산정돼 훗날 회사 이익으로 잡히고 일정 부분이 다시 자기 주머니로 돌아오는 것이다.

스타벅스 건물주(자회사를 통한 보유도 포함)인 상장사는 풍산 외에도 여러 곳이 있다. 코스피 시장에서 대교·방림·비와이씨·삼성화재해상보험·일신방직·풍산·태광산업·한양증권이 이름을 올렸다. 코스닥 상장 업체 가운데는 골프존뉴딘홀딩스와 한양이엔지가 있다.

스타벅스 건물주로 등재된 상장사 명단

코스피	이마트, 신세계, 현대백화점, 대교, 방림, 비와이씨, 삼성화재해상보험, 일신방직, 풍산, 태광산업, 한양증권, GS, 하나은행, 대성산업, 경방, 현대해상화재보험, NH투자증권, 신영증권, 한화손해보험, GS건설, 아이에스동서
코스닥	골프존뉴딘홀딩스, 한양이엔지, 수성, 슈피겐코리아

　물론 주식 투자는 본업의 수익성이 중요하다. 다양한 업종과 업태의 상장사가 있으니 본인만의 투자 전략에 따라 종목을 선정해야 하는 것은 당연한 일이다. 다만, 회사의 호실적도 주가에 영향을 미친다는 점을 고려하면 안정적인 임대 수익을 내는 스타벅스 건물을 들고 있는 회사 또한 눈여겨볼 만하다.

펀드로 투자하는 기관, 그러면 개인은 어떻게 하나?

스타벅스 건물의 가치는 돈 버는 데 도가 튼 사모 펀드도 인정하고 있다.
그런데 개인이 스타벅스 건물에 간접투자할 방법은
스타벅스 건물을 보유한 상장사 주식을 사는 것 말곤 없을까?
있다. 그것은 바로 리츠 투자다.

누구나 건물주를 꿈꾼다. 더 나아가 스타벅스와 같이 임차료를 제 때 못 낼 일도 없고, 망할 가능성도 적으며, 무엇보다 상권을 뒤바꿔 부동산의 가치를 높일 수 있는 초특급 우량 임차인을 보유한 건물주가 되길 원한다.

이는 국민연금을 비롯한 기관도 마찬가지다. 아니, 외려 개인보다 기관이 더 스타벅스를 원할지 모른다. 무엇보다 기관 투자자에게 가장 중요한 것은 '안정적인 수익률'이기 때문이다.

국민연금을 비롯한 공제회 등 기관 투자자는 막대한 자금력을 운용해 자본시장의 '큰손'으로 꼽힌다. 국민연금은 매년 일정 수준의 수익을 창출해 연금의 규모를 키우고, 이를 바탕으로 국민에게 연금을 지급해야 할 의무가 있는 공적 기관이다. 따라서 개인처럼 일확천금을 노리는 '한탕' 투자는 언감생심이다. 그보다는 매년 안정적인 수익률을 올려줄 수 있는 투자 상품을 선호한다.

안정적인 수익률을 올리기 위해 기관 투자자는 '리츠'를 애용한다. 리츠란 자산운용사가 다수의 투자자로부터 자금을 모아 부동산이나 부동산 관련 증권 등에 투자하고 그 수익을 투자자에게 돌려주는 주식회사 형태의 간접투자 기구를 뜻한다.

국내 큰손들도 점찍는 스타벅스 건물

자산운용사들은 국민연금을 비롯한 공제회 등 기관들로부터 대규모 자금을 유치해 펀드를 결성하고, 펀드 자금으로 주요 부동산을 사들인다. 운용사가 부동산의 발굴과 관리를 전담하는 대신 기관은 부동산에서 나오는 수익금을 배당받는다. 이후 펀드의 청산 시점이 오면 해당 부동산을 매각해 그 이윤도 지분에 따라 나눠 갖는다. 이를테면 기관은 '전주(錢主)'로서 역할만 하고, 나머지 잡무를 운용사에게 일임하는 셈이다. 물건을 직접 발굴하고 관리하는 수고를 덜 수 있다는 점에서 리츠는 기관 투자자에게 매력적인 투자 상품이다.

대표적인 예로, 스타벅스 르네상스사거리점이 입점해 있는 서울특별시 강남구 역삼동 카이트타워를 살펴보자. 카이트타워의 건물주는

'주식회사 카이트제3호위탁관리부동산투자회사'다. 이 회사는 국민연금이 출자한 자금을 바탕으로 설립한 부동산 투자용 펀드다. 실제로 이 회사 지분의 83.8%는 국민연금이 보유하고 있다. 펀드 자산은 한국자산

르네상스스거리점

신탁에서 관리한다. 스타벅스가 들어간 카이트빌딩은 2022년 1분기에 약 39억 원가량의 수익을 올렸는데, 이 중 61%에 달하는 약 24억 원이 임대 수익에서 비롯되었다.

그렇다면 펀드 최대 출자자인 국민연금은 이 투자로 얼마만큼의 수익을 올리고 있을까? 2021년 카이트제3호위탁관리부동산투자회사는 주주에게 1주당 3,885원을 배당했다. 국민연금이 이 회사에 보유하고 있는 우선주는 90만 주이니, 단순히 계산하더라도 국민연금은 지난해에 이 펀드로부터 약 35억 원의 배당금을 챙겨간 셈이다. 임대 수익의 경우, 주식 등과 비교해 시장 상황의 영향을 덜 받는 데다 부동산 가치 또한 크게 떨어질 일이 없어 매각 차익도 기대할 수 있다. 안정적인 수익을 기대할 수 있는 것이다.

국민연금은 전 세계적인 주식 시장 약세에 따라 2022년 1분기에 미국 시장에서만 3조 원에 가까운 손실을 봤다. 이걸 고려하면 리츠 투자는 상대적으로 안정적인 수익을 냈다.

국내에 있는 다양한 자산운용사들이 기관으로부터 자금을 받아 부동산을 사들이고 있는 가운데 가장 눈에 띄는 곳은 이지스자산운용

이다. 지난 2010년 피에스자산운용이란 이름으로 설립된 이지스자산운용은 2012년 현재의 사명으로 변경했다. 이 회사는 설립 6년 만인 2016년 부동산펀드 운용자산 규모 1위 기업으로 자리매김했다. 펀드 운용자산이 크다는 것은 기관들의 자금이 몰린다는 뜻이고, 그만큼 시장에서 이지스자산운용의 선구안을 높이 평가한다는 의미로도 해석할 수 있다.

이지스자산운용이 스타벅스가 들어선 건물을 소유한 펀드를 다수 설정한 사실은 우연이 아닌 셈이다. 현재 이지스자산운용은 스타벅스

적선점

범계역점

더종로R점

적선점이 들어선 서울 종로구의 현대빌딩, 스타벅스 범계역점이 있는 경기도 안양시의 G스퀘어 등 2곳을 보유하고 있다. 이전에는 스타벅스 더종로R점이 위치한 종각역 인근의 랜드마크 빌딩 종로타워도 보유했다. 이지스자산운용은 2016년 삼성생명으로부터 해당 건물을 3,840억 원에 사들였다가 2019년 4,640억 원을 받고 KB자산운용에 되팔았다. 이로써 3년 만에 800억 원 상당의 매매 차익을 얻었다.

사모 펀드 투자가 어려워?
공모 펀드가 있잖아!

아쉬운 점은, 이런 사모 펀드는 적게는 수십억 원, 많게는 수백억 원을 출자할 수 있는 중량감 있는 기관이 아니라면 참여하기 어렵다는 것이다. 개인 투자자에게도 투자 기회가 열려 있지만, 최소 투자 단위가 수억 원에서 많게는 수십억 원까지라서 허들이 높은 편이다. 하지만 길은 있다. 개인 투자자도 주식 시장에서 사들일 수 있는 '공모 리츠'가 존재하기 때문이다.

경기 성남시 분당구에 있는 스타벅스 서현미래에셋점을 살펴보자. 서현미래에셋점이 들어선 건물(미래에셋플레이스)의 주인은 미래에셋자산운용이 운용하는 공모 펀드 '미래에셋 맵스 아시아퍼시픽 부동산 공모 1호

서현미래에셋점

스타벅스 건물을 보유 중인 공모 펀드

펀드명	2021년 배당금	2022년 7월 31일 기준 주가	보유 중인 스타벅스 매장
미래에셋맵스 아시아 퍼시픽 부동산 공모 1호 투자회사	250원	4,440원	서현미래에셋점
이리츠코크렙	204원	5,610원	뉴코아야탑점

투자회사'(맵스리얼티1)다. 이 펀드는 자산 대부분(투자 비중 전체의 81%)을 부동산에 투자한다.

그중 하나가 미래에셋플레이스 건물(2.9%)과 토지(4.7%)다. 2008년 2월 대신증권으로부터 이 건물과 토지를 사들이고 그해 4월에 스타벅스를 입점시켰다. 이 펀드는 여기서 발생한 임대료를 바탕으로 수익을 내면서 매해 펀드 투자자에게 이익을 배당한다. 2021년에는 펀드 1좌당 250원의 배당을 지급했다.

이리츠코크렙 또한 개인 투자자가 쉽게 접근할 수 있는 공모 리츠로, 이랜드리테일이 설립했다. 스타벅스 뉴코아야탑점이 입점한 NC백화점 야탑점을 보유하고 있는 것도 이 펀드다. 해당 펀

뉴코아야탑점

드는 지난해 주당 204원을 주주들에게 분배금으로 배당했다.

공모 펀드는 사모 펀드와 달라 사실상 진입 장벽이 없다. 은행·증

권·보험 등 금융사에 계좌를 개설할 여력이 되면 1,000원 단위로도 투자할 수 있다. 물론 이런 식의 간접투자에 흥미를 느끼지 못할 수 있다. 임대료가 법인과 펀드 이익에서 차지하는 비중이 작고, 이로써 받는 배당 수익도 보잘것없을지 모른다.

그러나 못하는 것과 하지 않는 것은 분명히 다르다. 거꾸로 생각해보자. 투자하려는 법인이나 펀드가 스타벅스 임대인이라면 어떠할까? 이러한 조건은 의사결정에 긍정적인 변수로 작용할 수 있다. 비용이 들지 않는다면, 실현 가능한 투자 방법을 두루 확보해두는 것은 나쁠 게 없다.

대학교 안에 들어선 스타벅스, 학생에게도 이득이다

대학도 하나둘씩 학교 소유의 건물에
스타벅스를 유치하고 있다.
이에 따른 임대수익은 단순히 학교 재단의 이익뿐만 아니라
학생 복지로 돌아온다.

서울 서대문구 지하철 경의중앙선 신촌역 2번 출구를 나와 약
400m를 걷다 보면 유리로 둘러싸인 거대한 건축물과 만나게 된다.
국내 최대 규모와 최고 실력을 자랑하는 신촌세브란스병원 건물이다.
신촌세브란스병원 및 장례식장이 함께 있는 연세종합관 건물 1층에
선 우리에게 너무나도 익숙한 초록색 바탕의 세이렌(Siren)* 마크와 함

....

* 그리스 신화에 나오는 신비의 여신이다. 1971년 스타벅스 창립자 3명은 브랜드 이름을 소설 《모비딕》
의 일등 항해사 '스타벅(Starbuck)'에서 따왔다. 시애틀이 항구도시이고, 커피를 바다로 수입하는 점을
고려해 항해를 주제로 브랜드를 정했고, 이후 로고를 정하려고 옛 해양 서적을 들추는 과정에서 항해와
신비를 상징하는 세이렌을 선택했다. 미국 시애틀 1호점에 달린 첫 세이렌 로고는 16세기 노르웨이 목
판화에 새긴 그림을 본뜬 것이다.

연세종합관점 연대동문점

연세백양로점 연세세브란스점

께 스타벅스 연세종합관점을 발견할 수 있다.

스타벅스 연세종합관점에서 500m 정도 더 올라가보자. 연세대학교로 진입할 수 있는 왕복 2차선의 자그마한 도로와 문이 나오는데, 연세대학교 동문이다. 이곳에도 익숙한 세이렌 마크를 단 스타벅스 연대동문점이 있다.

연세대학교 신촌캠퍼스 정문을 들어가면 본관 건물까지 약 1km에 달하는 멋들어진 일직선 거리가 펼쳐진다. 그리고 정문과 본관의 중간 지점에 스타벅스 연세백양로점이 위치한다.

학내 스타벅스를 보유한 학교법인

학교법인명	보유 대학명	스타벅스 지점명
영남학원	영남대학교	영남대아트센터
		영남대중앙도서관
연세대학교	연세대학교	연세백양로
		연세종합관
		연세동문
이화학당	이화여자대학교	이대ECC
홍익학원	홍익대학교	대학로

서울역 인근에서 특히 눈에 띄는 연세대학교 세브란스 빌딩에도 스타벅스 연세세브란스점이 영업 중이다. 이 4곳의 공통점은 무엇일까? 그것은 바로 스타벅스가 임차한 건물의 주인이 '학교법인 연세대학교', 즉 대학교란 점이다.

우리는 지금까지 개인, 기업, 펀드 등이 스타벅스 건물을 소유한 사례를 살펴보았다. 다양한 형태의 건물주 가운데 한 축을 담당하고 있는 것이 학교법인이다. 법인 명의로 막대한 부동산을 가지고 있는 학교법인은 임대사업을 논할 때 빼놓을 수 없는 큰손이다.

사실 스타벅스가 대학교 내에 진출한 것은 그리 오래된 역사가 아니다. 2005년 대학설립운영규정이 바뀌면서 대학지주회사 설립이 허용되었고, 학교 기업의 사업금지 업종이 102개에서 19개로 줄었다. 이때부터 대학 내에서 상업 카페도 영업할 수 있게 되었다.

다만, 법령이 바뀌었음에도 스타벅스가 대학 내에 자리 잡기까지는 꽤 긴 세월이 필요했다. 당시 대학 학생회를 주도하던 소위 '운동권'이 스타벅스를 자본주의의 첨병이라 비판하며 스타벅스를 유치하려는 대학 당국을 공격했다. 이후 스타벅스와 같은 커피 전문점이 일반화되고 스타벅스의 커피 가격이 더는 고가로 인식되지 않으면서 스타벅스의 대학 진출도 자연스럽게 탄력이 붙었다.

스타벅스 학내 입점,
학교도 스타벅스도 윈윈!

국내에서 대학교를 운영 중인 학교법인 가운데 학내에 스타벅스를 보유하고 있는 곳이 적지 않다. 앞서 살펴봤듯이 연세대학교에선 대학 부지 내에서만 스타벅스 매장 3개를 운영하는 등 주요 대학들은 스타벅스 유치에 상당히 적극적이다.

연세대학교와 마찬가지로 신촌에 위치해 있으면서 젊은 여성의 문화를 주도하는 이화여자대학교 또한 학교의 랜드마크인 ECC 건물에

이대ECC점

대학로점

동명대DT점

스타벅스를 입점시켰다.

영남대학교를 운영 중인 영남학원은 영남대아트센터와 영남대중
앙도서관 2곳에 스타벅스를 유치했다. 홍익대학교를 보유한 홍익학
원 역시 서울특별시 종로구 연건동에 위치한 홍익대학교 대학로캠퍼
스 건물에서 스타벅스 대학로점을 운영하고 있다.

동명대학교를 운영하는 동명문화학원의 경우에는 아예 스타벅스
유치를 위해 별도의 건물을 설립하기도 했다. 동명문화학원은 2017
년 5월 부산 남구에 있는 동명대학교 건너편에 2층짜리 꼬마빌딩을
세우고 스타벅스를 유치해 동명대DT점을 운영하고 있다.

각 대학이 학내에 스타벅스를 여는 이유는 간단하다. 대학의 수익
개선과 직결되기 때문이다. 연세대학교의 경우 지난해 회계연도(2021
년 3월~2022년 2월)까지 거둔 임대수입은 약 348억 원이다.

물론 학교 부지 내 건물인 이상 스세권을 형성해 부동산 가치를 올
린 뒤 팔아서 매각 차익을 올리는 방법을 택하기 어렵다.

학교 부지 외에 스타벅스를 보유한 학교법인

학교법인명	보유 대학명	스타벅스 지점명
서원학원	서원대학교	수원인계DT
대전기독학원	한남대학교	대전지족
광운학원	광운대학교	김천시청DT
동명문화학원	동명대학교	동명대DT
연세대학교	연세대학교	연세세브란스
인산학원	한국영상대학교	충남대정문

그렇지만 매출 일부를 임차 수익으로 받는 구조상 20대 학생에게 인기가 많은 스타벅스를 유치함으로써 많은 이익을 볼 수 있다.

실제로 대학내일20대연구소가 실시한 2020년 설문조사에 따르면, MZ세대(만 15~39세)의 37.1%가 스타벅스를 가장 선호하는 커피 브랜드라고 답했다. 2등 브랜드를 지목한 사람이 13%에 불과한 점을 생각하면 대학생을 포함한 젊은 세대에게 스타벅스의 인기는 절대적이라 할 수 있다.

스타벅스 입장에서도 대학 내에 입점하는 것은 여러모로 유리하다. 매출 대부분을 차지하는 고객이 20대 초중반 대학생이라서 브랜드 홍보를 거두고 트렌드를 파악하기에도 수월하다. 잠재고객 유치와 대학 이미지 제고에 효과적이라는 점도 주목하고 있다. 실제로 스타벅스는 자신들이 입점한 연세대학교와 이화여자대학교를 대상으로 해당 대학 이미지를 담은 스타벅스 카드를 출시했다. 특정 점포에서

만 파는 스타벅스 카드는 희소성이 높아 학생들을 불러 모으는 것은 물론이고, 스타벅스 관련 상품 모으기를 좋아하는 마니아들을 해당 점포로 끌어들일 수 있는 유인이 된다. 스타벅스는 해당 카드 판매 대금 일부를 장학금으로 제공해 대학과 상생하는 이미지도 구축할 수 있다.

학교 수익 늘어나면
학생 복지로 되돌아올 기대도

학내는 아니더라도 보유 부동산에 스타벅스를 유치해 임대 수익과 부동산 가치 증대 효과를 누리는 학교법인도 많다.

한국영상대학교를 보유한 인산학원의 경우, 자교가 아닌 대전 유성구에 있는 충남대학교 정문 앞 상가 건물을 사들여 충남대정문점을 들였다. 서원대학교를 보유한 서원학원은 학내 부지는 아니지만, 경기 수원시 팔달구에 3층짜리 건물을 짓고 스타벅스 수원인계DT점을 운영하고 있다.

학교법인의 스타벅스 유치를 보는 시각은 곱지 않다. 학문과 연구 활동이 주가 돼야 하는 대학에서 일반적으로 접근이 어려운 최상위권 상권을 높은 임대료에 빌려주고 기업의 이익 극대화에 일조하게 돕는다는 비판은 어제오늘의 일이 아니다. 하지만 스타벅스 임대를 마냥 나쁘게 볼 이유도 없다. 스타벅스가 학교법인에 지급하는 막대한 임대료는 학교 시설 개선이나 등록금 동결, 장학금 증액 등 학생의

충남대정문점   수원인계DT점

복지로 돌아올 가능성이 있기 때문이다.

　실제로 지난 회계연도 기준으로 연세대학교는 의료사업(세브란스병원), 유가공업(연세우유), 부동산 임대 등 다양한 수익 사업으로 얻은 전입 및 기부금 수입이 3,838억 원에 달했다. 연세대학교가 등록금 의존도를 전국 최저 수준**으로 유지하는 데는 이런 배경이 작용한다.

　일반적으로 등록금 의존도가 70%를 넘으면 대학은 자립이 어렵다. 등록금 의존도가 높을수록 학생 등록금을 올려 재정을 확충할 유인이 크다. 이런 점을 감안하면 스타벅스 유치에 따른 임대 수익이 늘어날수록 등록금 인상률 또한 낮아질 수 있다. 학내에 있는 스타벅스를 이용하는 것이 본인의 부를 직접 늘리진 않지만, 학자금 부담을 간접적으로나마 줄여줄 수 있는 셈이다.

....

** 　46.8%로 전국 최저 수준이다. 한국경제신문 2022년 6월 8일 기사 〈고대 -234억·이대 -138억…14년 묶인 등록금에 사립대 80%가 적자〉 참고

스타벅스 유치해 통매각,
전문 부동산 개발사에 주목하자

목이 좋은 건물을 가지고 있다 해도
스타벅스를 유치하는 것은 쉽지 않다.
그렇다면 처음부터 스타벅스 입점을 약속받은
전문 부동산 개발사의 건물에 투자하면 어떨까?

1950년생 자산가 김모 씨는 2020년 경기 안성시 공도읍 마정리에 있는 연면적 406.73m^2, 지상 2층짜리 건물을 약 54억 원에 사들였다. 이 건물과 차도를 두고 마주 보는 연면적 264.6m^2 규모의 지상 2층짜리 건물은 2016년 7억 5,000만 원에 거래되었다.

김 씨의 건물이 부동산 가격 상승기에 맞물려 4년 동안 넉넉하게 3배 올랐다고 가정하면, 현재 가격은 22억 5,000만 원 정도다. 이를 바탕으로 비교해볼 때 김 씨의 건물은 연면적 1m^2당 1,327만 원 정도가 나오는 데 반해, 건너편 건물은 3배 올랐다 치더라도 850만 원 수준에 머문다.

당연하다면 당연하다. 건너편 빌딩엔 사진관이 입점해 있었지만, 김 씨가 사들인 빌딩에는 대한민국 최고의 임차인, 스타벅스 안성공도DT점이 자리 잡고 있었기 때문이다. 건물 가치에서 상대가 될 리 만무하다. 그렇다면 김 씨 이전에 이 건물을 소유하고 있던 사람은 과연 누구일까? 개인이 아니라 다름 아닌 '스카이밸류'란 이름의 전문 부동산 개발사다.

등기사항전부증명서에 자주 보이는 그들, 바로 전문 부동산 개발사

스카이밸류는 2019년 7월 15일 건물을 신축하고 소유권 보존 등기를 마쳤다. 여기서 재밌는 점은 스카이밸류가 소유권 보존 등기를 마치고 9일이 지난 7월 24일 스타벅스와 2019년부터 2029년까지 전세금 3억 원에 해당 건물을 모두 사용하기로 전세권 설정 계약을 체결했다는 점이다.

스타벅스가 새로운 매장을 발굴하다가 우연히 신축한 지 10일도 안 된 건물을 발견할 확률은 얼마나 될까? 사실상 스카이밸류가 스타벅스 DT를 유치하기 위한 사전 작업을 모두 마치고 해당 건물을 지었다고 봐야 한다. 스카이밸류는 자신의 건물에 스타벅스 안성공도 DT점을 유치한 뒤 겨우 1년이 지난 2020년 8월에 김 씨에게 건물을 매각했다. 스카이밸류는 건물 신축 당시 채권최고액을 32억 원으로 근저당을 설정했다. 즉 부동산을 담보로 최대 26억 6,000만 원을 금

안성공도DT점

안성석정DT점

융기관으로부터 차입한 것으로 보인다. 상가 건물 매입 시 부동산담보대출 한도인 60%만 적용해보면 초창기 건물 가격은 약 44억 원에 형성되었을 것으로 추정할 수 있다. 즉 스카이밸류는 1년 정도 지난 시점에서 건물 매각 차익으로만 10억 원을 거둔 셈이다.

스타벅스가 입점한 건물의 손바뀜 역사를 더듬다 보면 스카이밸류처럼 스타벅스를 입점시키고 통매각해 수익을 챙기는 전문 부동산 개발사들의 이름을 심심찮게 찾아볼 수 있다. 당장 스카이밸류만 하더라도, 앞서 설명한 안성공도DT점을 시작으로 비슷한 동네에 있는 안성석정DT점도 비슷한 방법을 사용해 1년 만에 매각에 성공했다. 경기 광주시에 위치한 경기광주쌍령DT점 건물 역시 개발 1년 만에 매각에 성공했다.

가장 성공적인 케이스로 꼽히는 남양주화도DT는 소유권 등기를 마친 6개월 만에 팔아 최소 14억 원의 매각 차익을 거둔 것으로 보인다. 국내 최대 규모의 스타벅스 매장이자 사람이 가장 많이 찾는 DT 매장인 양평DTR점 또한 스카이밸류가 소유하고 있다.

전문 부동산 개발사가 보유 중이거나 매각한 스타벅스 지점

전문 부동산 개발사	지점명	신축, 증축, 인수 일자	매각 일자
스카이밸류	안성석정DT	2018년 11월 30일	2019년 11월 21일
	안성공도DT	2019년 7월 15일	2020년 8월 19일
	경기광주쌍령DT	2020년 1월 21일	2022년 2월 17일
	더양평DTR	2020년 8월 6일	보유
	남양주화도DT	2020년 9월 25일	2021년 4월 16일
그라운즈	곤지암IC DT	2020년 12월 18일	보유
	화성향남2지구	2020년 7월 1일	보유
아주스타	경상대칠암캠퍼스	2021년 5월 20일	2022년 2월 14일
케이에이치산업 개발	서면전포역	2014년 10월 22일	2015년 10월 6일

스타벅스 경상대칠암캠퍼스점의 경우, 경남 진주시에 위치한 아주스타타워 1, 2층을 합해서 사용 중이다. 지하 4층, 지상 12층짜리 이 상가 건물은 전문 부동산 개발사인 아주스타타워(옛 아주산업개발)가 완공해 2021년 5월 소유권 보존 등기를 신청했고, 이후 6개월이 지난 2021년 11월 스타벅스 유치에 성공했다. 아주스타타워는 스타벅스를 입점시키고 약 3개월이 지난 2022년 3월에 1, 2층 상가 두 호실을 약 48억 원에 넘겼다.

스타벅스 서면전포역점 역시 전문 부동산 개발사인 케이에이치산업개발이 2014년 완공한 직후 스타벅스와 전세권 설정 계약을 맺었

경상대칠암캠퍼스점   서면전포역점

고, 이듬해 스타벅스 매장이 들어선 다수의 상가 호실을 20억 원에
모두 매각했다.

프리미엄 붙더라도
안정감 있는 유치

여기서 의문이 들 수 있다.

'내가 스스로 건물을 신축해도 되는데, 왜 군이 전문 부동산 개발
사가 스타벅스 유치까지 끝낸 건물을 비싸게 사들이는 것일까?'

가장 큰 이유는 바로 협상력이다. 자산가 스스로 토지를 매입해 신
축 건물을 세우는 부동산 개발에 나설 경우, 직접 임차인을 발굴해야
하는 경우가 대부분이다. 즉 투자자가 자신의 선구안을 믿고 스타벅
스가 들어올 만한 곳의 토지를 구매하고 스타벅스를 유치해야 하는
모험을 감행해야 한다. 해당 건물의 입지 조건이 스타벅스의 입맛에

맞지 않으면 그대로 아웃이다.

　스타벅스와 임차료 및 임차 기간 협상에 들어가서도 문제가 생긴다. 건물주를 뛰어넘는 '갑'인 스타벅스는 임차 조건이 맞지 않는다면 미련 없이 돌아서기 때문이다. 따라서 선대로부터 시 외곽 지역에 대규모의 토지를 물려받지 않는 이상 개인이 수익률 높은 DT 매장을 자체적으로 개발하는 것은 상당한 리스크를 감수하는 행위일 수밖에 없다.

　반면 부동산업계에서 이름난 전문 부동산 개발사의 접근 방식은 다르다. 이들은 입점 대상의 매출 신장이 극대화될 가능성이 큰 토지를 우선 발굴하고, 토지 매입 전에 해당 브랜드와 사전 협의를 거쳐 입점 조건을 조율한다. 그리고 해당 건물이 완성되면 곧바로 전문 부동산 개발사와 장기 임대차 계약을 체결한다. 이후 전문 부동산 개발사는 스타벅스와 장기 임대차 계약을 체결해 프리미엄이 붙은 상가 건물을 개인 자산가에게 매각하는 방식으로 매각 차익을 추구한다.

　이런 방식을 통해 전문 부동산 개발사는 10억 원을 훌쩍 넘는 이익을 얻을 수 있고, 스타벅스는 비교적 품을 덜 들이고 자신의 입맛에 맞는 입지에 매장을 낼 수 있다. 부동산 투자자 또한 안전하게 스타벅스가 장기 임차한 건물의 주인이 될 수 있다. 특히 스타벅스 DT 매장은 일반 매장 대비 20%가량 높은 매출*을 내고 있어 초기 비용이 많이 들더라도 나쁜 선택이 아니라는 설명이다.

....

* 비즈니스워치 2017년 9월 11일 기사 〈스타벅스, 왜 버려진 땅으로 가나〉

따라서 스타벅스 유치에 전문성을 가진 전문 부동산 개발사와 네트워크를 형성하는 것도 스타벅스 임대인이 되고자 하는 자산가들이 고려할 법하다. 앞서 언급한 스카이밸류는 국내 부동산

곤지암IC DT점

투자를 주름잡는 '이지스자산운용'의 관계사다. 스타벅스 매장 또한 경쟁이 치열한 기존 상권이 아니라 스타벅스에서 개발에 힘을 싣고 있는 DT 매장만을 엄선해 유치하고 있다. 같은 이지스자산운용 계열의 '그라운즈'도 스타벅스 곤지암IC DT점이 입점한 건물을 보유하고 있다.

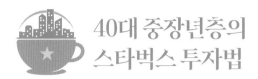

40대 중장년층의
스타벅스 투자법

스타벅스 건물주의 주요 투자층인 40~50대는 투자 측면에서
후발주자이므로 주요 상권의 건물을 사들이기보단
새 장소를 물색해야 한다.
DT를 유치하거나 전문 부동산 개발사와 손을 잡는 것이다.

"누구나 스타벅스 건물주가 될 수 있는 것은 아니지만, 반대로 누구에게나 스타벅스 건물주가 될 가능성은 열려 있습니다."

스타벅스 점포 유치 경험이 있는 한 건물주의 말이다. 반은 맞고 반은 틀린, 듣기 좋은 답변이 아니다. 한 유명 감독의 영화 제목처럼 〈지금은 맞고, 그때는 틀린〉 철 지난 이야기도 아니다. 그의 말을 풀어쓰면 다음과 같다.

"아무리 목이 좋은 곳에 건물이 있어도 스타벅스 유치 전략이 없으면 스타벅스 임대는 어렵습니다. 하지만 대형 상가 부동산이 없더라도 투자 방식에 따라 얼마든지 당신도 스타벅스 임대 건물주가 될 수 있습니다."

그는 후자의 경우였다. 그에게서 40~50대가 맨바닥에서부터 스타벅스 투자를 해볼 만한 방법은 무엇이 있을까 들어봤다. 대부분 자신과 주변인의 투자 경험을 토대로 한 이야기였다. 또한 주요 상권에 고층 빌딩을 보유하고 있음에도 스타벅스 유치를 실패하는 이유 등도 물어봤다.

현실적으로 생각해보자. 한때 유명 연예인 또는 그의 배우자가 꼬마빌딩을 사서 스타벅스를 유치한 뒤 수십억 원의 매매 차익을 봤다는 이야기를 종종 들어봤을 것이다. 그 소식을 들으며 배 아파하는 한편, 그런 혜안을 가진 연예인들을 질투도 했을 것이다. 그럼 이렇게 묻고 싶다. 당신에게 그런 혜안이 있었다고 해도 꼬마빌딩을 살 만한 재력을 보유하고 있는가?

아마 100명 중 99명은 '없다'고 답할 것이다. 그러면 부동산 경매 사이트에 들어가 스타벅스가 노릴 만한 상권에 있는 꼬마빌딩을 검색하는 일은 무의미한 일이다.

투자 문턱 낮은
신축 상가를 눈여겨봐라

40~50대가 스타벅스 건물주가 되는 가장 쉬운 방법 중 하나는 바로 스타벅스가 입점할 만한 '신축 건물'을 노리는 것이다. 이상하다. 신축 건물이 외려 훨씬 비싼 것 아니냐고 물을 수 있다. 물론 그 신축

건물을 내가 통으로 산다면 그렇지만, 건물주가 될 수 있는 방법은 각양각색이다. 신축 상가를 '분양'받을 수도 있고, 시 외곽의 외딴 지역 부동산을 사들여 건물을 '건축'할 수도 있다. 잘 따져보면 수십억 원에서 수백억 원을 넘어서는 주요 대도시의 빌딩을 사들이는 것보다 훨씬 저렴하다.

예를 들어 미국인이 소유하고 있는 5층짜리 서울 한남동R점 건물에 잡힌 근저당액은 30억 원이다. 상업용 부동산이 최대 70%까지 대출이 나온다는 점을 감안한다면, 건물값은 보수적으로 잡아도 약 43억 원으로 추정된다. 반면 서울 송파헬리오시티점을 구성하는 신축 상가 중 한 곳을 가지고 있는 건물주는 약 5억 5,000만 원에 해당 상가 호실을 분양받을 수 있었다. 대출을 제외하면 약 1억 6,500만 원에 스타벅스 건물주로 등극한 셈이다.

신축 상가가 주요 상권의 꼬마빌딩보다 투자 문턱이 낮다는 것은 주요한 투자 포인트다. 또한 가장 큰 장점은 바로 스타벅스 유치를 위해 스스로 공부할 필요가 적다는 점이다. 이것이야말로 40~50대가 상가 건물에 관심을 가져야 하는 포인트다.

스타벅스 유치는 연인과의 밀당보다도 어렵다고 한다. 대략적인 매뉴얼이 있지만 점포개발자마다 건물에 원하는 포인트가 다르고, 이들이 건물주를 평가하는 부분도 제각각이다. 사실상 '갑'으로만 살아온 건물주에겐 임차인에 불과한 스타벅스에 자신의 건물이 가진 장점을 설명하고 설득하며 임대 조건을 조정하는 게 익숙지 않은 일이다.

이걸 한 방에 해결해주는 존재가 바로 '전문 부동산 개발사'다. 이들은 특정 토지의 사업성을 검토해 상가나 오피스텔을 짓고 이를 분양하는 일련의 과정을 주도하는 업체로, 부동산에 있어선 전문가 중 전문가들로 구성된 집단이다. 최근 부동산 전문 개발사들이 상가 건물을 지으며 혈안이 된 것이 바로 '스타벅스 유치'다. 스타벅스가 유치되면 주변 상권이 활성화될 것이란 기대가 커지면서 상가 미분양 사태를 막을 수 있기 때문이다.

전문 부동산 개발사가 스타벅스 유치에 성공하면 스타벅스가 들어올 상가 호실을 분양하는데, 이를 노리는 것이 나쁘지 않다고 이들은 조언한다. 물론 분양가가 다소 올라가겠지만, 스타벅스를 유치하는 데 들이는 노력을 피하면서 스타벅스 건물주가 될 수 있다는 점은 분명 매력적이라고 한다.

특히 상가 건물 호실당 면적이 작은 경우, 스타벅스를 유치하기 위해서는 필연적으로 여러 호실을 공동으로 임대해줘야 한다. 상가 호실을 한 사람이 보유한 경우는 큰 문제가 없지만, 주인이 모두 다르면 이야기는 다르다. 이해관계가 서로 다른 건물주가 협의해 스타벅스와 접촉하고 임차료, 임차 기간 등 조건을 맞추는 과정이 일사불란하게 진행될 가능성은 극히 적다. 때문에 처음부터 전문 부동산 개발사에 스타벅스와의 계약을 맡기는 것이 속 편하다는 것이다. 실제로 40대 이상 스타벅스 건물주 가운데 34명은 전문 부동산 개발사를 끼고 스타벅스를 유치한 것으로 나타났다.

시 외곽에 여유 부동산 있다면
DT 유치 문의하세요

부동산 투자에 관심이 많은 자산가라면 스타벅스 DT 유치를 고민해봐야 한다. 유동인구가 많지만 근처에 별다른 상업시설이 없어 저평가된 시 외곽지역의 땅을 매입해 스타벅스 유치를 노릴 수 있기 때문이다. 물론 이를 위해서는 해당 지역의 유동인구 등 상권 파악이 필수적으로 선행돼야 한다. 무엇보다 자신이 사들인 부동산에 스타벅스 유치가 불발되었을 때 떠안아야 할 손해를 감수할 수 있는지 따져봐야 한다. 자산가라면 안전하게 본인이 소유하고 있는 부동산을 이용하는 것도 방법이다.

특히 이미 스타벅스 임대에 성공한 경험이 있다면 스타벅스와의 협상도 비교적 수월하게 이끌어갈 수 있다. 실제로 한 자산가는 공터로 남은 자기 부동산에 스타벅스 유치를 추진하면서 스타벅스 측에 임차료 등 세부 계약 조건의 전권을 위임한 적이 있다고 한다. 이 자산가는 앞서 스타벅스 매장을 유치한 적이 있는 임대인이었다.

스타벅스를 유치하려면 건물주로서 '갑'의 자세를 버리는 것이 중요하다고 전문가들은 조언한다. 스타벅스가 고자세로 나오는 건물주 비위를 맞춰줄 유인이 적기 때문이다. 그러지 않아도 자신을 만나려는 건물주가 줄을 선 것을 스타벅스는 잘 알고 있기에 아쉬울 게 없다. 개중에 하나일 뿐인 건물주라면 이걸 알아야 한다는 의미다.

한 전문가는 "어떤 건물주는 스타벅스와 협상하면서 다른 프랜차이즈가 더 좋은 임차 조건을 걸었다고 넌지시 말했다. 건물주 입장에선 스타벅스가 임차료를 좀 더 높게 책정해달라고 돌려 말한 것이지만, 스타벅스는 단칼에 거절하고 자리를 떴다"라고 전했다. 전문가는 이렇게 덧붙였다.

"스타벅스에는 대체 불가능한 상권이란 게 없다. 스타벅스가 있는 곳이 곧 상권의 중심이고, 실제로 시장도 그렇게 인식하고 있다."

천하의 스타벅스도 못 버틴 '눈물의 폐점'

1999년부터 12년간
10%의 스타벅스 매장이 문을 닫았다.
주로 상권 분석 실패에 따른 매출 부진이 원인으로 꼽힌다.
새삼 상권 분석의 중요성을 일깨우는 대목이다.

스타벅스는 반드시 그리고 예외 없이 지명으로 매장명을 짓는다. 지역사회에 스미는 걸 중요하게 여기는 까닭이다. 제3의 공간이 빛나려면 지역주민과의 유대와 연대가 뒷받침해야 한다. 그러기에는 지명만 한 게 없다. 우리 삶은 역사의 일부가 되고, 지명은 이 역사에서 비롯한다. 그래서 지명 매장은 역사에 대한 존중이며, 나아가 우리에 대한 존경인 셈이다. 이만큼 쉽고 확실하게 정서적 공감대를 이루는 길이 또 있을까 싶다.

한글 간판 사례를 보면 쉽게 알 수 있다. 인사점(2001년 8월), 광화문점(2002년 2월), 경복궁역점(2010년 11월), 안국점(2014년 6월), 북촌로점(2014년

인사점

광화문점

경복궁역점

안국점

북촌로점

종로평창점

10월)은 'STARBUCKS'가 아니라 '스타벅스' 간판을 단다. 공교롭게 모두 서울 종로구에 있다. 한국 역사와 전통을 상징하는 지역이다.

처음에는 미국 본사에서 절대 안 된다고 했다. 스타벅스는 언제든 그리고 어디서든 같은 서비스를 제공하는 걸 생명처럼 여긴다. 간판과 CI도 마찬가지다. 그런데 한국만 예외를 인정할 수는 없는 노릇이다. 한국 스타벅스는 본사를 끈질기게 설득해 관철했다. 이들 매장은 한국을 대표하는 스타벅스 명소로 꼽힌다.

스타벅스 '종로평창점'도 상징적인 점포다. 2011년 3월 서울 종로구 평창동에 문을 연, 스타벅스 378번째 매장이다. 당시는 지금처럼 스타벅스가 공격적인 출점을 할 때가 아니었다. 종로평창점은 가장 가까운 지하철역인 3호선 홍제역까지 직선거리로 2.8km 위치에 있었다. 지금도 마찬가지다. 대중교통이 불편하니 주변 상권이 열악한 편이었다. 물론 상대적으로 소득이 높은 편이라 주택 상권은 형성돼 있었다. 그러나 대형 외식업체나 프랜차이즈가 승부를 보기에는 애매한 곳이다.

스타벅스가 주목한 것은 상권이 아니라 지역민의 갈증이었다. 이들은 서로 사교하고 교류할 마땅한 공간에 목말라 있었다. '제3의 공간' 말이다. 스타벅스의 판단은 적중했고, 매장은 평창동 명소로 거듭났다. 주택 상권이다 보니 주민 터전에 스며들었다. 2011년 4월에 방한한 하워드 슐츠 스타벅스 당시 회장(현 의장)이 이곳을 괜히 찾은 게 아니다. 서울 시내 매장을 순회하는 과정에서 도심이 아닌 이곳 매장까지 발걸음을 옮긴 이유는 하나다. 지역 융화의 모범 사례였기 때문이다. 실제로 매장을 찾은 슐츠 회장을 반긴 건 인근 고등학교 학생으로 구성된 합창단이었다. 이들의 환대에 크게 감명한 그는 눈시울까지 붉혔다는 후문이 전해진다.

그런데 스타벅스를 대표하는 종로평창점은 2018년 상반기에 돌연 문을 닫았다. 그리고 50m 떨어진 건물로 이사를 갔다. 다시 문을 열 때는 그해 10월. 이름은 '종로평창동점'으로 바꿨다. 굳이 엎어지면 코 닿을 거리에 한 끗 차이로 이름을 바꿔가면서까지 이사를 가자 주민들은 고개를 갸웃거렸다. 이유는 간단했다. 임대차 계약이 만료한 것이다.

문 닫은 줄 알았더니, 옆집으로 이사 갔네

스타벅스도 문을 닫는다. 1999년 첫 매장을 낸 이래 2021년까지 245개 매장이 폐점했다. 그간 출점한 매장 1,898개 가운데 12.9%에 해당한다. 열에 하나가 넘는다. 지역별로 보면 서울이 139개로 가장 많다. 전체 폐점 점포의 56%를 차지한다. 경기(28개)와 부산(21개)이 그 뒤를 이었다.

표면적인 이유는 '간단'하다. 임대인이든 스타벅스든 계약 연장을 원하지 않은 것이다. 사정을 들여다보면 이유는 '복잡'하다. 임대인이 계약을 스스로 거부하는 사례가 상당하다고 한다. 애써 유치한 매장을 비우는 게 아이러니하지만, 어쨌든 임대인 마음이다. 임대인이 해당 공간을 다른 용도로 활용하고자 하면 버틸 재간이 없다. 그 자리에서 자기 영업을 하려는 사례도 심심치 않다고 한다. 스타벅스 덕에 건물 가치가 오른 점을 이용하려는 것이다. 개중에는 스타벅스가 빠지고 유동인구까지 빠져 낭패를 보는 경우도 상당하다고 한다.

임대료 재협상이 결렬된 것도 원인이다. 계약이 종료되면 묵시적으로 계약을 연장하는 게 보통이다. 개중에는 계약서를 새로 쓰기를 요구한다. 대부분은 계약 조건을 바꾸고자 한다. 임대료를 올리자는 이야기다. 임대인 입장도 이해가 간다. 수년간 고정한 임대료를 증액하고자 하는 심정은 헤아릴 만하다(스타벅스 평균 전세 기간은 8.7년이다). 하지만 증액이 스타벅스가 감당할 수준을 넘으면 결별로 이어진다. 한편으로는 스타벅스에 '방 빼'라는 말을 '임대료를 올려달라'고 돌려서 말하기도 한다. '아' 다르고 '어' 다른 것이다.

동네에 보이던 스타벅스가 문을 닫고 멀지 않은 곳으로 옮겼다면, 앞서 언급한 2가지 가운데 하나일 여지가 있다. 여기에 스타벅스의 자진 철수도 원인이다. 더 영업하고자 해도 매출이 받쳐주질 않으면 접을 수밖에 없다. 설마 스타벅스 매장이 그럴까 싶지만, 얼마든지 그렇다. 상권은 상대적이다. 분석에 실패하는 리스크도 있지만, 무서운 것이 변하는 상권이다. 그때는 맞고 지금은 틀린 게 있기 마련이다.

폐점한 스타벅스의 애초 개점일을 보면 패턴이 보인다. 폐점 점포 수는 2000년대(157개)가 2010년대(88개)를 2배 가까이 앞선다. 상대적으로 과거일수록 폐점률이 높다. 상권을 좌우하는 변수 가운데 하나는 상권이 유지되는 기간이다. 시간은 길을 바꾸고, 도시의 풍경을 다시 그린다. 신시가지가 들어서면 구도심은 침체할 수밖에 없다. 그러면서 사람의 발길을 틀 수도 있다. 사람의 발길을 잇고 붙이는 게 바로 상권이다. 시간은 상권의 생사여탈권을 쥔다.

그러나 시간과 상권이 반드시 시소를 타는 것은 아니다. 시간이 흐를수록 흥하는 상권도 얼마든지 있다. 따라서 폐점한 점포가 위치한 상권은 사례로 참고하는 편이 낫다.

가장 이상적인 것은 상권이 일관되게 이어지는 것이라고 한다. 흥하면 임대료가 올라서 비용이 늘어난다. 매출도 늘겠지만 언제든 빠질 수 있다. 그러나 한번 오른 임대료는 다시 내리지 않으려는 경향이 있다. 반대로 쇠하면 매출이 빠지니 이익이 자연 감소한다. 마찬가지로 수지를 맞추지 못한다. 이것도 스타벅스가 방을 빼는 원인이다.

끝으로 남은 하나는 멸실이다. 재건축 혹은 리모델링은 천하의 스타벅스라도 물리적으로 극복할 도리가 없다.

스타벅스 건물주, 그들은 누구인가? 지방의 매장을 서울과 수도권에 사는 임대인이 가지는 게 예사지만, 그렇다고 모든 이들이 강남에 사는 것은 아니다. 최연소 스타벅스 건물주를 그저 부러워만 할 게 아니라, 최고령 스타벅스 건물주에게서 노하우를 배우자는 걸로 우리 메시지를 매듭짓고자 한다. 그들의 행적을 살핌으로써 독자가 스타벅스 임대인 지위에 한 걸음 가까이 가도록.

6장

스타벅스 건물주엔
남녀노소가 따로 없다

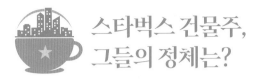

스타벅스 건물주,
그들의 정체는?

스타벅스 건물주, 그들은 누구일까?
우리나라 경제를 지탱하고 있는 40~60대가 대부분이다.
스타벅스 건물주 가운데 열에 한 명은
국내 최고 부촌인 서울 강남구에 살고 있다.

취업포털 잡코리아가 지난 2020년 성인 남녀 4,091명을 대상으로 원하는 직업을 묻는 설문조사를 진행한 적이 있다. 우리나라 성인이 선망하는 여러 직업 가운데 2위로 꼽힌 직업은 다름 아닌 '건물주'였다. 건물주를 직업으로 인정할 수 있는지는 논외로 치고, 그만큼 우리나라의 성인들은 건물을 빌려주고 불로소득을 바탕으로 여유롭게 살아가는 삶을 꿈꾸고 있다.

과거에도 건물주가 되고 싶다고 말하는 사람은 적지 않았지만, 어디까지나 술자리에서 던지는 농담에 불과했다. 하지만 지금은 다르다. 남녀노소 할 것 없이 경매 물건을 들여다보고, 부동산 임장을 다니며 투자 가치가 있는 건물 찾기에 고심하고 있다. 건물주는 이제 치기 어린 꿈이 아니라 실제로 이룰 수 있고, 손에 닿을 수 있는 목표가 된 것이다.

그렇다면 건물주 가운데서도 '알짜배기'라는 스타벅스 입점 상가를 가진 사람들은 과연 누구일까? 또한 이들은 어떤 방식으로 건물을 보유하게 되었을까? 스타벅스를 보유한 건물주의 연령별 특징을 포착한다면 조금 더 현실적이고 계획적인 투자 전략을 수립할 수 있을 것이다.

2021년 말 기준으로 1,653개 매장의 2,454개 등기사항전부증명서를 전수조사해본 결과, 스타벅스가 입점한 상가 및 건물을 보유하고 있는 사람은 법인을 포함해 총 3,225명으로 확인되었다. 다만, 건물주의 연령별 특징을 분석하고자 여기에서는 개인만을 분석 대상으로 삼았다.

또한 스타벅스가 다수의 상가를 빌려 통합해 입점한 경우, 상가 여러 곳에 모두 지분을 가지고 있는 사람도 건물주 1명으로 계산했다. 예를 들어 청주의 한 스타벅스 매장의 경우 상가 6곳을 빌려 통합해 매장을 차렸는데, 상가 6곳 모두의 지분을 보유한 20대 A 씨가 스타벅스 입점 건물 6곳을 소유했다고 판단하면 빌딩 전체를 보유하고 있는 다른 건물주와 직접 비교가 어렵다는 점을 고려했다.

이렇게 분석한 결과 파악된 스타벅스 건물주는 1,724명으로 조사됐다. 향후 분석에서도 이 틀을 그대로 유지하고자 한다.

스타벅스 건물주의
평균 연령은 55.9세

그렇다면 등기로 추출해본 '평균적인' 스타벅스 건물주는 어떤 사람일까? 나잇대는 어떻고, 사는 곳은 어디일까?

우선 크게 연령을 기준으로 1,724명을 분석해봤다. 이때 연령은 만 나이를 기준으로 전수조사하는 데 한계가 있어 생년만을 기준으로 삼았다. 예를 들어 2022년 8월 1일을 기준으로 1988년 3월 1일생은 만 34세이고 1988년 10월생은 만 33세지만, 이들을 동일하게 34세로 취급했다.

흥미롭게도 40세를 기점으로 그 이상과 이하 집단이 차지하는 비중이 확연히 갈렸다. 조사된 1,724명의 건물주 가운데 40대 미만은 195명에 불과했다. 전체에서 차지하는 비중은 고작 11.3%에 그쳤다. 40대 미만이 직접 스타벅스 매장이 있는 건물을 사들이거나 자신의 부동산에 스타벅스 매장을 유치한 사례를 찾는 것도 쉽지 않다. 20대 미만 스타벅스 건물주에서 자신이 투자를 진행한 사례도 찾을 수 없었다. 20~30대도 부모가 소유한 건물과 공동명의로 등록돼 있거나 지분을 물려받은 사례가 대부분이었다. 사실상 10~30대 건물주는 대부분 40대 이상의 건물주에 귀속된 모양새를 띠고 있었다.

그렇다면 왜 40세를 기점으로 집단이 나뉠까? 여러 이유가 있겠지만, 이 같은 차이가 나타난 이유는 부동산에 투자할 경제력 유무 때문일 것이다. 취업포털 업체 인크루트가 2020년 발표한 자료에 따르면,

2018년 기준 우리나라 평균 취업 연령은 30.9세였다. 2020년 우리나라 근로자 월평균 소득이 320만 원인 점을 감안하면 31세에 취업에 성공해 39세까지 한 푼도 쓰지 않고 모을 수 있는 돈은 3억 원 수준이다. 집안이 넉넉한 금수저 또는 탁월한 재테크 솜씨를 가진 사람이 아니고서야 40세 이하가 스타벅스 건물주를 노려보기엔 종잣돈을 모으기 만만찮은 현실이다.

반면 경제활동의 최전선에 있고 재산을 어느 정도 모은 40~50대는 스타벅스 투자의 핵심 세력이었다. 이들은 779명으로 전체 건물주의 45.1%를 차지하고 있다. 이미 은퇴한 60대 이상의 고령층 건물주는 750명으로 43.5%를 구성해, 40~50대와 더불어 스타벅스 투자의 한 축을 담당하고 있었다. 특히 60대 건물주는 484명에 달해 40대(315명), 50대(464명) 건물주 수를 각각 웃돌았다. 정리하면 40~60대의 스타벅스 건물주는 총 1,263명으로, 전체 건물주의 73.2%에 달했다. 다수를 차지하고 있는 40~60대 건물주의 평균 나이는 55.9세였다.

스타벅스 건물주 텃밭은
서울 강남구가 아니었다?

그렇다면 지역으로 구분해보자. 앞서 살펴봤듯, 스타벅스는 서울에 570개가 위치해 전체 매장 3분의 1 이상이 몰려 있다. 그 뒤를 이어 경기(382개), 그다음은 부산(127개) 순이다. 서울에 스타벅스가 많은만큼 서울에 사는 건물주가 많으리라 추측해볼 수 있다. 더 나아가 스타벅스가 눈독을 들일 만한 건물을 보유하고 있을 정도의 자산가라면 당연히 부촌인 서울 강남구에 살고 있지 않을까 하는 생각까지 미친다. 그런데 과연 실제로도 그럴까?

60대 스타벅스 건물주 484명 가운데 서울에 사는 사람은 총 179명이었다. 셋 중 한 명꼴(36.9%)로 서울에 둥지를 틀고 있었다. 40~50대에서도 비슷한 경향이 발견되었다. 40대는 42.5%(134명), 50대는 39%(181명)가 서울 거주자였다.

연령을 좀 더 낮춰보자. 30대 건물주 가운데 서울에 적을 둔 사람은 48.5%(66명), 20대 건물주로 가보면 60.9%(25명)였다. 나이가 어리면 어릴수록 서울에 사는 건물주 비중이 높아지고 있었다. 앞서 분석했지만, 10~30대 스타벅스 건물주는 대부분 부모의 재산을 증여받았다고 볼 수 있다. 그들이 대부분 서울에 살고 있다는 것은 사실상 부의 대물림이 서울을 중심으로 진행되고 있다는 방증이다.

서울 거주자를 분석했던 것과 동일하게 20~60대 건물주를 대상으로 강남구 쏠림 현상을 분석해보자. 60대 강남구 거주자는 42명으로 전체 60대 건물주의 8.6%를 차지했다. 50대는 7.7%(36명), 40대는 8.2%(26명), 30대는 13.9%(19명), 20대는 12.1%(5명)였다.

전국의 수많은 시·군을 제치고 서울의 한 구(區)에 10% 가까운 건물주가 모여 있는 것을 적다고 볼 순 없다. 다만, 모두의 예상과 달리 서울 강남구가 우위를 보인 연령대는 50대와 30대뿐이었다. 60대, 40대, 20대에서 스타벅스 건물주를 서울에서 가장 많이 배출한 구는 다름 아닌 서초구였다. 특히 60대 건물주 가운데 서초구민은 53명으로 강남구민보다 11명이나 많았으며, 강남 3구의 일원인 송파구 역시 강남구와 동일하게 42명의 건물주를 배출했다. 무엇보다 서초구는 2020년 말 기준 인구가 43만 명으로 강남구(53만 명), 송파구(67만 명)보다 적은 상황에서 인구 대비 가장 많은 건물주를 보유하고 있었다.

여기서 분석한 결과는 어디까지나 경향성의 이야기다. 서울 강남 3구 거주민이 아니라고, 나이가 너무 많거나 적다고 실망할 이유는 없다. 이런 경향성을 뛰어넘기 위해 우리는 다양한 사례와 투자 기법을 살펴봤다.

최연소 및 최고령의
스타벅스 건물주는?

스타벅스 건물주가 되는 덴 나이 제한이 없다.
올해 6세인 어린아이부터
일제강점기 때 태어난 어르신까지
스타벅스 건물주의 스펙트럼은 넓고 넓다.

스타벅스가 임차한 건물은 부동산 가운데 최상급으로 손꼽힌다. 워낙 인지도가 높고 충성 고객층이 두텁다 보니 다른 커피 프랜차이즈가 있음에도 굳이 스타벅스를 찾아 모여드는 사람들이 많고, 자연스레 스타벅스를 중심으로 상권이 발달한다. 결국 유동인구가 많아지면서 스타벅스가 입점한 건물의 가격도 자연스럽게 오르니 건물을 여럿 보유한 자산가들과 임대를 업으로 삼는 사람들이 스타벅스를 입점시키는 데 혈안이 된 것도 무리는 아니다.

그렇다면 쟁쟁한 자산가 사이에 당당하게 이름을 올린 스타벅스 건물주 가운데 최연소 건물주는 누구일까? 스타벅스의 등기사항전부증명서상 가장 어린 건물주는 2016년생으로 나타났다. 유치원에 다닐 나이에 스타벅스 입점 건물주가 된 '복덩이' 어린이가 2명이나 된다. 이 가운데 진정한 최연소 건물주는 스타벅스 경남사천DT가 입점한 건물주에 이름을 올린 이○○이다. 2016년 8월 22일생인 그는 같은 해 6월 3일 태어난 김○○보다 2개월 어리다. 2022년 8월 1일을 기준으로 김○○ 어린이는 만 6세가 되었지만, 이○○ 어린이는 만 나이로 5세에 불과하다.

　당연하겠지만, 이들이 부동산 투자 전략을 세우고 스타벅스 입점을 추진하는 건 불가능하다. 그렇다면 이들은 어떤 경위로 스타벅스를 품은 건물주 명단에 이름을 올렸을까? 먼저, 김○○는 어머니가 지분 100%를 보유한 건물의 지분 3분의 1을 증여받았다. 자녀를 위한 어머니의 이른 선물인 셈이다.

경남사천DT점

우리나라는 자녀 및 배우자에게 일정액 이하의 재산을 증여할 때 10년에 한 번 증여세가 공제되므로 어린 나이에 일찍 건물 지분을 물려받는 것이 절세에 유리하다. 이○○는 김○○와는 달리 건물을 매입할 때부터 어머니 및 형제들과 공동명의로 등록했다. 이 두 어린이도 향후 부모에게서 지분 전량을 물려받을지, 매매 차익을 위해 지분을 타인에게 매각할지 행복한 고민을 하게 될 것이다.

비서울 출신 최연소 건물주, 최근 유행하는 DT 건물 노려

어린 자녀에게 스타벅스 입점 건물주의 자리를 물려줄 정도라면 누구나 그들이 전통적 부촌인 '강남 3구'나 진정한 부호들의 동네로 손꼽히는 '용산구'에 살 것이라 짐작할 것이다. 그러나 우리의 어린 건물주들은 달랐다. 이○○은 경남 사천시에, 김○○은 서울 마포구에 거주하고 있었다.

물론 강남 3구나 용산구에 사는 사람만이 막대한 부를 갖고 어린 자녀 명의로 스타벅스 입점 건물을 살 수 있다는 건 아니다. 그렇지만 전통적인 부촌에 거주하지 않는 사람들이 너도나도 탐내는 스타벅스 입점 건물을 보유하고 이를 자녀와 공유한다는 게 쉽게 이해되지 않을 수 있다.

그들이 노린 것은 대도시의 노른자 땅에 위치한 상가나 빌딩이 아니었다. 유행처럼 번져나가던 DT 매장을 선점한 것이다. 또한 두 어린이가 보유한 매장 모두 상대적으로 부동산값이 비싼 서울이나 수도권 인근이 아니라 경남에 있다. 즉 유행하던 DT 매장을 추구하되 경쟁자가 적고 초기 투자비용도 낮은 블루오션을 취한 것이다. 스타벅스 입점에 따른 건물 가치 상승을 기대하는 것은 물론 DT 매장을 찾는 고객 증가 추세를 읽고 블루오션을 고를 수 있는 지식 등이 결합한 부모를 둔 것, 바로 그것이 만 5세의 유치원생이 스타벅스 건물주의 명단에 오를 수 있게 된 이유다.

서교동사거리점 건물주, 단독 건물주 중 최고령

그렇다면 스타벅스 입점 건물 소유주 가운데 최고령자는 누구일까? 등기사항전부증명서에 생년월일이 기재된 건물주 가운데 가장 웃어른은 대구에 거주하는 1925년생 황○○ 씨다. 그는 서울 서대문구에 위치한 4층짜리 건물을 자신의 자녀 및 손자 등으로 보이는 인물과 나눠서 공동으로 소유하고 있다.

스타벅스 최연소 및 최고령 건물주 목록

성명	생년	거주지	보유 매장	특징
이○○	2016	경남 사천시	경남사천DT	최연소
황○○	1925	대구 남구	이대R	최고령
송○○	1928	서울 서대문구	서교동사거리	1인 소유자 중 최고령

서교동사거리점

　을축(乙丑)년에 태어난 그의 나이는 만으로 97세(2022년 10월 기준)이다. 나이로만 보자면 최연소 건물주의 증조부뻘이라 할 수 있다. 한 세기 가까이 산 이상 그는 건국 이래 우리나라 역사의 질곡을 직접 목도해 왔을 것이다. 그가 태어나던 해엔 국권을 침탈한 일본이 '문화통치'를 감행하고 있었고, 그가 20세 되던 해에 조국은 비로소 광복을 맞았다. 그러나 그가 30세 되기 전에 민족끼리 총부리를 겨누는 동족상잔의 비극이 발생했고, 이후 기나긴 군부 독재와 첫 민주정부의 탄생, 그리고 이어진 외환위기에 따른 경기 침체 등을 겪었다.

　이런 역사적 경험과 연륜이 쌓였기 때문일까? 그는 적지 않은 나이임에도 미국에서 들어온 정체불명의 카페 브랜드에 관심을 기울였다. 그가 보유한 건물에 들어선 스타벅스 매장은 이대R점으로, 1999년 우리나라에 스타벅스가 진출하며 처음 낸 1호 매장이다. 스타벅스 국내 진출 기념비는 물론 국내 진출 10주년 현판도 있을 만큼 국내 스타벅스 역사를 논하는 데 빼놓을 수 없는 곳이다.

특히 황 씨는 1992년 기준으로 해당 건물의 소유권을 가지고 있던 7명의 건물주 중 아직 유일하게 소유권을 놓지 않고 있다. 2010년 보유하고 있던 건물 지분이 가압류되기도 했지만, 이듬해 가압류가 풀리면서 아직껏 최고령 스타벅스 건물주로서 자리매김하고 있다.

공동명의가 아니라 개인 명의로 단독 건물을 소유한 사람 가운데 최고령자는 서울 서대문구에 거주하는 송○○ 씨다. 1928년생인 그는 1996년 서울 마포구 서교동에 위치한 지하 1층, 지상 5층짜리 상가 건물을 신축했다. 해당 건물은 서울시 지하철 2호선 홍대입구역과 합정역 사이에 위치해 유동인구가 많은 '알짜배기'로 꼽힌다.

스타벅스는 2016년 1월 송 씨에게 전세금 2억 원을 주는 조건으로 7년 전세권 설정 계약을 맺고, 스타벅스 서교동사거리점을 냈다. 등기부등본 상으로 2023년 1월 3일 자로 전세 계약은 만료됐지만, 해당 지점은 영업을 지속하고 있다. 해당 건물에는 스타벅스 외에도 한의원, 미용학원, 여행사 등이 입점해 있다.

은혜로운 부모님을 만난 10~30대 건물주

어린 나이에 스타벅스 건물주가 된 사람들은
전국에 200명 가까이 된다.
다만, 오롯이 그들의 능력이 아닌 부모의 재력 덕택이다.
그들은 강남 3구에 모여 산다.

대한민국 젊은이들에게 삶이란 고된 경쟁의 연속이다. 10대에는 같은 반 학우들과 대학입시를 두고 치열하게 다퉈야 한다. 명문대 진학이 곧 성공 공식으로 이어졌던 과거와는 분위기가 크게 달라졌지만, 여전히 대다수 부모들은 자녀를 국내 또는 해외 명문대로 보내기 위해 기를 쓴다. 게다가 수학능력시험 외에 내신 성적을 위해 챙겨야 할 활동도 부지기수로 늘었다. 예술이나 체육 또는 다른 곳에서 자신의 재능을 피우는 청소년도 있지만 소수에 그치는 데다, 성공할 확률은 더욱 낮다. 대한민국 10대가 행복하기 어려운 이유다.

실제로 보건복지부가 한국보건사회연구원에 의뢰해 조사한 '2018

년 아동 종합실태조사' 결과에 따르면 우리나라 9~17세 아동 청소년의 삶의 만족도는 10점 만점에 6.57점으로 경제협력개발기구(OECD) 국가 가운데 최하위를 기록했다.

10대의 대부분을 공부에 투자하고 명문대 진학을 이룬 20대를 기다리는 것은 턱없이 높아진 취업 문턱이다. 통계청 국가통계포털(KOSIS)에 따르면, 2021년 20~29세 고용률은 57.4%로 나타났다. 20대 고용률은 지난 2000년 60.2%를 기록해 2007년까지 8년 동안 60%대를 이어갔지만, 2008년 금융위기 이후 60% 밑으로 주저앉은 뒤 회복되지 않고 있다. 고통스러운 취업 과정 끝에 당당하게 입사한 30대는 비전 없는 회사에 실망하고 반복되는 단순 작업에 흥미를 잃으며 퇴사를 준비한다.

다만, 적게는 수백만 원에서 많게는 수천만 원이 다달이 꽂히는 스타벅스 건물주라면 이야기가 다르다. 우리나라 10~30대 가운데에도 적지 않은 수가 스타벅스로부터 월 임대료를 받으며 안정적인 삶을 영위해나가는 사람들이 있다.

물론 경제적인 여유가 확보되지 않은 사람들이 임대인의 '완소 아이템'인 스타벅스 유치에 직접 나서는 것은 불가능하다. 따라서 10~30대 스타벅스 건물주 가운데 건물 지분을 오롯이 나 홀로 보유한, 이른바 '단독 소유주'의 숫자는 많지 않았다. 하지만 이들도 언젠가 부모로부터 지분 전량을 양도받으며 당당히 단독 소유주로 떠오르거나 지분을 매각해 차익을 노리는 것을 고민해야 하는 행복한 상황에 빠질 것이다.

10~30대 스타벅스 건물주는
대부분 부모와 공동명의

스타벅스 건물주 명단에 이름을 올린 10대(2003~2012년생)는 총 18명이었다. 당연한 일이지만 스타벅스가 입점할 정도로 목이 좋은 건물을 10대가 자신의 명의로 단독 보유한 경우는 없었다. 모두 조부모나 부모에게 지분 일부를 증여받아 가족과 공동으로 소유하는 형태를 보였다.

이 가운데 눈에 띄는 것은 경남 사천에 거주하는 13세 어린이였다. 이제 막 초등학교를 졸업한 이 어린이는 벌써 스타벅스가 임차한 건물 2곳의 지분을 가지고 있었다. 한 건물은 아버지와, 다른 한 건물은 어머니와 지분을 공동으로 소유하고 있었다.

20대 스타벅스 건물주(1993~2002년생)는 총 41명으로 조사되었다. 이 가운데 본인 명의로 건물 지분을 100% 소유하고 있는 사람은 총 4명으로 나타났으며, 이 중 절반인 2명은 부모로부터 건물을 증여받았다. 나머지 2명은 시 외곽에 DT 건물을 새롭게 지어 스타벅스를 유치했다.

30대 스타벅스 건물주(1983~1992년생)는 136명으로 조사되었으며, 본인이 건물 전체를 소유한 경우는 38건이었다. 확실히 연령대가 높아질수록 건물을 단독 소유하는 자산가들이 느는 모습을 볼 수 있다.

10~30대 스타벅스 건물주는 195명으로 전체 건물주 수(1,724명)의 10%를 살짝 웃돈다. 적은 수로 생각할 수 있지만, 10대와 20대는 물

론이고 30대조차 사실상 본인의 힘만으로 그럴싸한 전셋집 한 칸 구하기 어렵다는 점을 감안하면 절대 적지 않은 숫자다.

특히 195명 가운데 21%에 해당하는 41명은 스타벅스가 임차한 부동산을 오롯이 개인이 보유하고 있었다. 부모로부터 지분 전량을 증여받은 사례도 있지만, 일찍이 부동산 투자에 눈을 떠 상가에 과감히 투자한 경우도 적지 않다.

10~30대 스타벅스 건물주 현황

	건물주 수	단독 소유	서울 거주	강남 3구 거주
10대	18	0	14	10
20대	41	4	25	15
30대	136	37	66	33

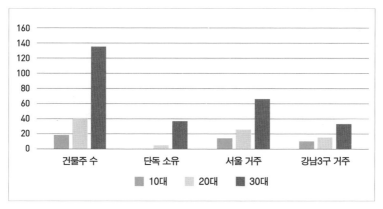

10~30대 스타벅스 건물주 현황

건물주는 어릴수록
강남 3구에 몰려 있다

10~30대 스타벅스 건물주는 어디에 살고 있을까? 우리나라 부촌(富村)이 수도권에 집중된 만큼 당연하게 서울과 경기도에 쏠림 현상이 나타났다. 10대 스타벅스 건물주 18명 가운데 14명, 20대는 41명 가운데 절반이 넘는 25명, 30대 역시 136명 가운데 절반에 가까운 66명이 서울에 적을 두고 있었다. 10~30대 스타벅스 건물주의 54%에 해당하는 105명이 서울 거주자인 셈이다. 이 가운데서도 전통적인 부촌으로 꼽히는 이른바 '강남 3구'의 비중은 엄청났다. 10~30대 건물주 가운데 강남구에 사는 사람은 총 27명으로 압도적이었다. 사실상 10~30대 스타벅스 건물주 10명 중 1명이 강남구에 사는 셈이다. 이어서 서초구 18명, 송파구 13명 등으로, 10~30대 서울 거주 스타벅스 건물주 가운데 절반 이상은 강남 3구에 둥지를 틀고 있었다.

새롭게 부동산 신화를 써내려가고 있는 '마·용·성(마포·용산·성동)' 지역 또한 10~30대 스타벅스 건물주 비중이 높은 지역으로 꼽힌다. 마포구에 거주하는 10~30대 스타벅스 건물주는 6명, 용산구와 성동구에 적을 둔 사람은 각각 4명이었다.

이처럼 부촌에 거주하는 10~30대는 일찌감치 부모로부터 스타벅스 건물을 넘겨받아 부를 축적할 기반을 다지고 있었다. 반대로 강북구·노원구·도봉구·금천구·은평구 등 5개의 서울 자치구에서는 10~30대 스타벅스 건물주를 배출하지 못했다.

투자 실세인 40세 이상
중장년층은 자녀와 노후를 위해

40대 이상의 스타벅스 건물주 가운데 30%는 단독 명의인데
이 건물은 언젠가 자녀나 배우자에게 일부 몫이 돌아갈 터다.
유행에 뒤처질 것 같은 60대들이
외려 트렌드의 첨병 'DT' 매장에 꽂혔다.

한국 경제를 떠받치는 40대 이상 중장년층과 노년층은 어떨까? 그
들은 어느 정도 경제적 기반을 갖춘 투자를 통해 재산 증식을 노리는
데다 향후 자녀들에게 부를 대물림해주기 위한 상속 문제 등을 가장
고민하는 세대인 만큼 스타벅스 투자에도 적극적이다.

부동산 투자에 일가견 있다는 연예인들에게도 스타벅스가 입점한
건물은 매력적인 투자처다. '강남 스타일'로 세계적인 스타의 반열에
오른 가수 싸이(본명 박재상) 씨, 충무로 흥행 보증수표가 된 배우 하정우
씨, 스크린과 브라운관을 넘나드는 팔색조 매력의 여배우 전지현(본명
왕지현) 씨, 모델 출신의 미남 배우 송승헌 씨 등이 그들이다.

심지어 어엿한 기업의 대표나 대기업의 총수조차 스타벅스 매장을 소유하고 있었다. 이해득실에는 누구보다 빠른 회장님들조차 자신의 건물을 내줄 정도로 스타벅스가 매력적이고 안정적인 임차인이라는 방증이다.

40대 이상은 앞서 살펴본 10~30대와 단순 비교하기가 곤란하다. 10~30대의 '어린 건물주'들은 부모와 공동명의로 이름을 올리는 데 그치는 경우가 대다수였고, 건물주이긴 하지만 이들이 부동산 투자 시장에 미치는 영향력은 제한적이다. 하지만 40대부터는 직접 부동산을 사들이거나 개발해 그곳에 스타벅스를 입점시키거나, 스타벅스가 입점한 상가를 매입한다. 그러니 실질적으로 스타벅스 유치전은 40대 이상 건물주 간의 경쟁이라고 봐도 무방하다.

그렇다면 우리는 스타벅스에 투자하는 중장년층들이 어떤 사람들인지 탐구해봐야 한다. 그들의 정체와 그들의 투자 기법을 파악해야 스타벅스 유치 노하우를 습득할 수 있다.

60대 이상 '찐부자', 강남구 거주 비중 10% 넘어

40대 이상 스타벅스 건물주는 1,529명에 달했다. 법인 등 비인간을 제외한 전체 스타벅스 건물주 1,724명 가운데 88.7%, 절대다수가 40대 이상이다. 이 가운데 한창 경제활동 중일 40~50대 스타벅스 건물주는 779명이었다. 전체 스타벅스 건물주 비중의 절반 이상을 차지하고 있었다. 한편, 은퇴 연령인 60대 이상의 스타벅스 건물주 또한 750명에 달했다.

40대 이상 건물주들은 대부분 서울에 거주하고 있었다. 전체 1,724명 가운데 약 35.5%에 달하는 612명이 서울에 살았고, 강남 쏠림 현상도 여전했다. 서울 자치구 가운데 40대 이상 스타벅스 건물주가 가장 많이 사는 곳은 140명이 거주하고 있는 강남구였다. 이어 서초구 97명, 송파구 88명 순으로 거주해 강남 3구에만 325명이 몰려 살고 있었다.

40~50대 건물주와 60대 이상 건물주로 나누어 보더라도 각각의 나이대에서 강남구에 살고 있는 건물주가 가장 많았다. 40~50대 스타벅스 건물주 가운데 강남구민은 62명으로 나타났고, 60대 이상 스타벅스 건물주 가운데 강남구에 사는 사람은 78명으로 집계되었다.

다만, 연령대 별로 살펴봤을 때 국내 최고 부촌인 강남구에 거주하는 건물주의 비중은 40~50대와 60대 이상에서 차이를 보였다. 40~50대 스타벅스 건물주에서 강남구민이 차지하는 비중은 10%를 넘지 못했지만 60대 이상에서는 10%를 넘어섰다.

한 부동산 투자 전문가는 이렇게 말했다.

"60대 이상은 오래전부터 강남에 거주하며 부동산을 투자해 부를 증식해온 자산가가 많습니다. 대한민국의 부촌으로 대표되는 현대아파트가 들어선 압구정동을 시작으로 청담동, 삼성동 등 강남 개발 당시부터 강남에 터를 잡은 법관이나 고위공무원 등이 수십 년 동안 부동산으로 자산을 증식하며, 이를 바탕으로 스타벅스 건물을 소유하고 있는 경우가 주를 이루고 있죠."

　한편 스타벅스 건물주 가운데 서울에 거주하지 않는 사람의 비중은 60대 이상에서 더 높게 집계되었다. 60대 스타벅스 건물주 가운데 비서울 거주자는 60.4%를 기록한 반면 40~50대에서는 59.5%에 그쳤다. 40~50대뿐 아니라 60대에서도 수입이 높은 의사나 법조인 등 전문직이나 사업을 일군 중소기업 대표들이 적지 않고, 이들 중에 지방에 자리를 잡는 사람도 적지 않다는 건 공통된 사항이다. 다만, 60대 이상에서는 복잡한 서울에서의 삶을 정리하고 지방에서 새 삶을 꾸리고자 이전하는 사람도 적지 않다는 게 전문가들의 설명이다.

단독 보유자 비중 37%, 절세 노린 부부 건물주도 7%

　10~30대가 대부분 부모와 공동명의로 건물을 보유한 반면 경제력이 뒷받침되는 40대 이상은 스타벅스가 들어선 건물을 혼자서 보유하는 경우가 대폭 늘었다. 40대 이상 스타벅스 건물주 가운데 홀로 소유권을 가진 사람은 633명에 달했다. 전체의 3분의 1을 넘어선 36.7%가 스타벅스가 입점한 건물 또는 상가를 공동명의가 아닌 자신의 이름으로 가지고 있는 셈이다. 물론 스타벅스 서교동사거리점이 위치한 홍대 상권의 5층 건물을 홀로 보유한 자산가와 스타벅스 송파 헬리오시티점이 한꺼번에 임차해 이용하고 있는 6곳의 아파트 상가 가운데 한 곳을 단독 보유하고 있는 사람을 같은 선상에서 비교하는

송파헬리오시티점

것은 곤란하다. 다만, 주요 상권에 입지한 꼬마빌딩 하나를 매수하는 것보다는 아파트나 신축 상가의 상가 하나를 분양받는 쪽이 조금 더 현실적인 투자 방안임은 분명하다.

일반적으로 나이가 들수록 새로운 시도를 피하고 보수화되는 성향이 강하다. 투자도 이 법칙에서 자유로울 수 없다. 하지만 스타벅스 건물주는 예외였다. 40~50대 스타벅스 건물주 중 DT 매장 건물의 지분을 보유하고 있는 사람은 149명이었다. 154명으로 집계된 60대 이상보다 수가 적었다.

스타벅스 DT 매장은 최근에야 보편화한 매장 형태다. 2013년엔 4개에 불과했던 DT 매장이 2021년 기준 338개에 달한다. DT가 스타벅스의 새로운 패러다임으로 자리 잡기 시작한 것은 10년이 채 되지 않는다. 그런데도 스타벅스 DT 매장 건물주 가운데 60대 이상이 40~50대보다 많다는 것은 그들이 변화하는 투자 시장의 분위기를 기민하게 읽고 있다고 볼 수 있는 대목이다.

40대 이상 건물주 가운데 124명은 부부였다. 62쌍의 부부가 스타벅스가 들어선 건물을 함께 소유하고 있었다. 40대 이상 전체 건물주 가운데 7.2%에 해당한다. 사랑하는 사람과 재산을 동등하게 나누고 싶다는 로맨틱한 발상 때문일까? 전문가들은 부부 공동명의로 상가 건물을 인수할 때의 장점을 고려한 현실적인 선택이라고 입을 모았다. 상가 임대료를 받았을 때 발생하는 종합소득세 절감 효과를 노리는 경우가 대부분이란 설명이다.

예를 들어 한 달 임대료가 1,500만 원이라고 가정하면, 단독 소유의 경우 종합과세표준에 따라 117만 원(72만 원+1,200만 원 초과 금액의 15%)의 세금을 내야 한다. 반면에 부부가 공동명의일 때는 각각 750만 원씩의 소득이 발생함에 따라 임대수익의 6%에 해당하는 45만 원을 부부가 각각 부담하면 된다. 단독 명의일 때(117만 원)보다 부부 공동명의일 때(90만 원) 납부하는 종합소득세를 줄일 수 있다. 이와 마찬가지로 부부 공동명의인 건물의 경우, 차익을 노리고 매각할 때도 양도차익을 분산해 상대적으로 낮은 양도소득세를 내게 된다.

10~30대 투자 포인트, 스타벅스 건물도 똑똑하게 받자

스타벅스 건물주의 가장 큰 고민은 '절세'다.
어떻게 하면 적은 세금을 내고 물려줄 것인지가 큰 숙제다.
답은 간단하다. 조금씩 자주, 그리고 토지와 건물을
모두 가졌다면 건물부터 증여하면 된다.

앞서 살펴본 것처럼 10~30대 건물주 가운데 자신의 경제력을 바탕으로 부동산에 투자한 사람은 소수다. 대부분 자산가인 조부모나 부모가 건물을 사들일 때 공동명의로 등재하거나 일찌감치 건물 지분 일부를 자녀에게 양도한 경우다. 최근 대두하는 '수저론'에 따르더라도 이들은 금수저를 넘어 '다이아몬드 수저'라고 불러도 부정할 사람이 없을 것이다.

부동산값이 하늘을 뚫고 치솟는 점은 제쳐두더라도, 스타벅스가 들어선 건물 아닌가. 스타벅스는 특정 장소에 입점한 것만으로도 상권을 형성할 브랜드 가치를 가지고 있다. 임대업자에게 가장 두려운 상황은 자신이 투자한 부동산의 상권이 죽고 공실률이 늘어나는 점인데, 스타벅스는 이 문제를 불식시킬 힘을 지닌다. 괜히 유명 자산가들과 연예인들이 스타벅스 입점에 혈안된 것이 아니다.

배부른 소리 같지만, 10~30대 스타벅스 건물주에게도 고민은 있다. 사회생활, 인간관계 등 추상적이고 감성적인 고민이 아니다. 금전 문제가 남의 이야기일 수 있는 이들이야말로 실질적으로 돈 문제로 가장 심각하게 고민해야 한다. 무시무시한 증여세 때문이다.

우리나라는 부동산 등을 증여받으면 국가에 세금을 납부해야 한다. 30억 원이 넘는 부동산의 경우 증여세는 50%. 누진 공제액을 제외하더라도 10억 원이 넘는 증여세를 국가에 납부해야 한다. 물론 납세담보*를 제공하고 연부연납 허가일로부터 5년간 나눠 증여세를 납부할 수 있지만, 증여세 자체가 줄어드는 것은 아니다.

문제는 아무리 자산가의 자녀들이라 하더라도 수중에 10억 원이 넘는 현금이 있는 경우가 얼마나 있겠냐는 것이다. 부동산 매매대금이야 담보대출 등 다양한 방법을 강구할 수 있지만, 증여세를 납부하기 위해 은행 대출을 받는 것은 현실적으로 어려운 일이다.

물론 부모가 증여세 납부를 위한 돈을 대줄 수 있지만, 증여세 대납분에 대한 증여세를 추가적으로 합산신고 납부해야 한다. 차용증을 쓰고 빌려주는 형식을 취하더라도 증여세 자체의 규모는 변함이 없어 부담스럽긴 마찬가지다.

....

* 상속세 및 증여세법 제71조(연부연납)

어린 건물주,
빠른 증여가 답이다

그렇다면 고민해야 할 것은 하나, 즉 세금 자체를 줄이는 방법이다. 우리나라는 배우자나 자녀, 손자에게 증여하면 일정 한도 내에서 증여세를 면제**한다. 배우자의 경우 6억 원, 자녀나 손자가 성인(만 19세 이상)인 경우 5,000만 원, 자녀가 미성년자(만 19세 미만)라면 2,000만 원까지 증여세가 면제된다. 단, 증여세 면제는 10년에 한 번만 적용 가능하다. 만약 10년 안에 5,000만 원을 두 번 증여한다면 첫 번째 증여 때는 증여세가 면제되지만 두 번째는 면제되지 않는다.

여기서 자녀의 경우 증여세만 고려하여 살펴보도록 하자(편의를 위해 부동산 소유권 이전에 따르는 취득세는 고려하지 않겠다). 1억 원 이하의 재산을 증여할 경우 10%의 증여세가 붙는다. 만약 아버지 A가 20세 자녀 B에게 1억 원 상당의 스타벅스 건물 지분을 증여하면, B는 증여재산 공제 5,000만 원을 공제하고 남은 5,000만 원의 10%인 500만 원을 세금으로 부담한다.*** 반면 10세인 C에게 2,000만 원을 우선 증여하고 10년이 지나 20세에 8,000만 원을 분산해서 증여하면 세금은 어떻게 계산될까? C의 경우 10세에 2,000만 원 상당의 지분을 증여받으면 증여재산 공제를 적용받아 납부할 증여세가 없다. 또한 20세에 8,000만 원

** 　상속세 및 증여세법 제53조(증여재산 공제)
*** 　상속세 및 증여세법 제56조(증여세 세율) 및 제26조(상속세 세율)

상당의 지분을 재차 증여받으면 5,000만 원을 공제받고 남은 3,000만 원의 10%인 300만 원을 증여세로 내면 된다. 두 사람 모두 증여받은 지분은 1억 원 상당이지만 증여세는 약 200만 원 정도 차이가 난다. 증여세는 누진세율이기 때문에 증여재산 액수의 규모가 커질수록 절감되는 세액효과는 더욱 커질 수 있다.

이 두 사례에서 희비를 가른 것은 분산 증여다. 조세 전문가들은 이것이 자산가들 사이에서 상식에 가까운 전략이라고 말한다. 조세 소송을 전담하는 한 변호사는 이렇게 귀띔한다.

"분산 증여하면 절세 차원에서 상당히 유리하죠. 건물주는 물론 일반 재벌들이 이제 막 걸음마를 뗀 아기한테 미리 증여하는 것도 이런 이유 때문이에요."

즉 조부가 자녀뿐만 아니라 손주나 며느리한테 나눠서 증여하면 수증자별로 증여세를 절세하는 효과를 볼 수 있다는 것이다. 조세 소송 전담 변호사는 "노인이 소유한 건물에 증여받은 어린 손자 건물주가 많은 이유도 여기에 있다"라고 덧붙였다.

똑똑한 내 건물 한 채 vs. 공동명의 건물 두 채

스타벅스가 임차한 건물을 두 채 보유한 자산가에게 자녀가 2명이 있다면 어떡해야 할까? 한 자녀를 심하게 편애하는 특이한 부모가 아니고서야 되도록 자식 2명 모두에게 재산을 공평하게 나눠주길 바랄 것이다. 우선 자녀에게 스타벅스 건물을 물려줄 수 있는 2가지 방법의 장단점을 파악해보자.

먼저 2명에게 각각 한 채씩 증여하는 방법이 있다. 이럴 경우 해당 부동산을 매각할지는 오롯이 한 사람의 결정에 따라 달라진다. 공동 명의로 보유하면 매각 여부를 두고 분쟁이 발생할 가능성이 크기 때문에 형제간 다툼을 미리 방지할 수 있다. 임대수입을 분배하는 과정에서 일어날 갈등도 없다.

다만, '현명하지 못한 방법'이란 의견이 있다. 당장 스타벅스도 상권에 따라 들어오는 수익이 천차만별이고, 향후 부동산 개발 계획 등에 따라 부동산 가치도 너울처럼 요동칠 수 있다. 한 자녀는 스타벅스 건물을 물려받아 호의호식하는 삶을 누리는 반면 다른 누군가는 건물주가 되었음에도 다른 형제의 높은 수익을 질시하며 부모를 원망하는 사태가 벌어질 수 있다. 이에 따라 두 자녀에게 각 빌딩의 지분을 50%씩 증여하는 경우도 존재한다고 한다. 각 방법의 장단점을 따져 결정을 내리는 것은 독자의 몫이다.

만약 부동산과 건물 모두 보유하고 있는 경우가 있다면 전략적으로 접근할 필요가 있다. 수도권 인근의 한 스타벅스 DT 지점은 토지 가격이 200억 원에 달하는 데 반해 건물값은 20억 원 수준이다. 이럴 때 자녀에게 토지와 건물을 한꺼번에 넘기는 것은 말 그대로 폭탄을 안겨주는 것과 다름없는 행위다. 부동산 투자에 정통한 개발사업자는 이렇게 조언한다.

"먼저 싼 건물을 주고, 수십 년 뒤에 땅을 넘기세요."

건물을 증여받은 자녀는 땅의 주인인 부모와 별도의 토지 사용 계약을 체결해야 한다. 물론 이 계약은 타인이 아니라 부모와 자녀 간에 이뤄지기 때문에 부담을 얼마든지 줄일 수 있다. 하지만 이제 스타벅스가 임차한 건물의 주인은 자녀다. 그렇다면 스타벅스가 매달 임대인에게 지급하는 수천만 원 상당의 임차료는 고스란히 자녀에게 들어간다.

물론 자녀는 이를 '공돈'으로 생각하고 허비해서는 안 된다. 향후 수십 년을 내다보고 차곡차곡 쌓아두어야 한다. 이후 부모로부터 부동산을 상속받을 때가 오면, 모아둔 자금을 상속세로 납부하면 된다.

다만, 이 경우에도 주의가 필요하다고 전문가는 조언한다. 자산가를 대상으로 오랜 상담 경험이 있는 한 세무사는 "건물만 우선 증여해 임대수익을 갖도록 하면 자녀의 자산을 증식시키는 데 있어 유리할 수 있지만, 이 경우 소득세법 제41조 및 동법 시행령 제98조 부당행위계산에 따라 특수관계인 간 거래로 분류된다"면서 "이에 따라 '시가'에 상응하는 거래가액으로 토지 임차료를 지급해야 하기 때문에 자녀에게 이전되는 부가 현저하게 크지 않을 수도 있다"고 지적했다. 또한 "토지(부모 소유)와 건물(자녀 소유)로 스타벅스 건물이 존재한다면 세무조사를 받을 때 집중 조사를 받을 가능성이 크다"며 "임대차계약서 및 임대료 산정 근거에 객관성 있는 근거를 갖추어야 한다"고 충고했다.